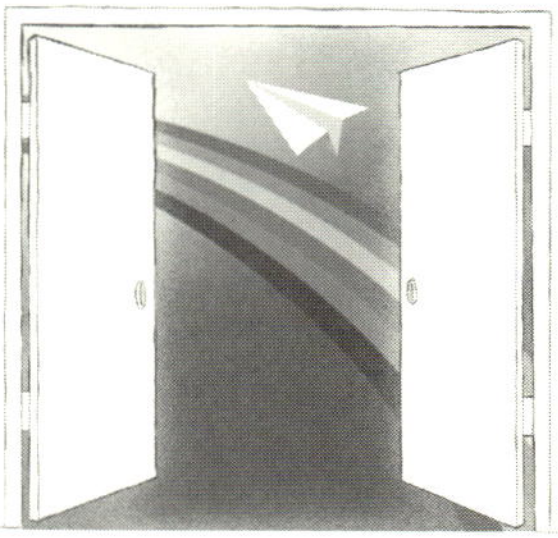

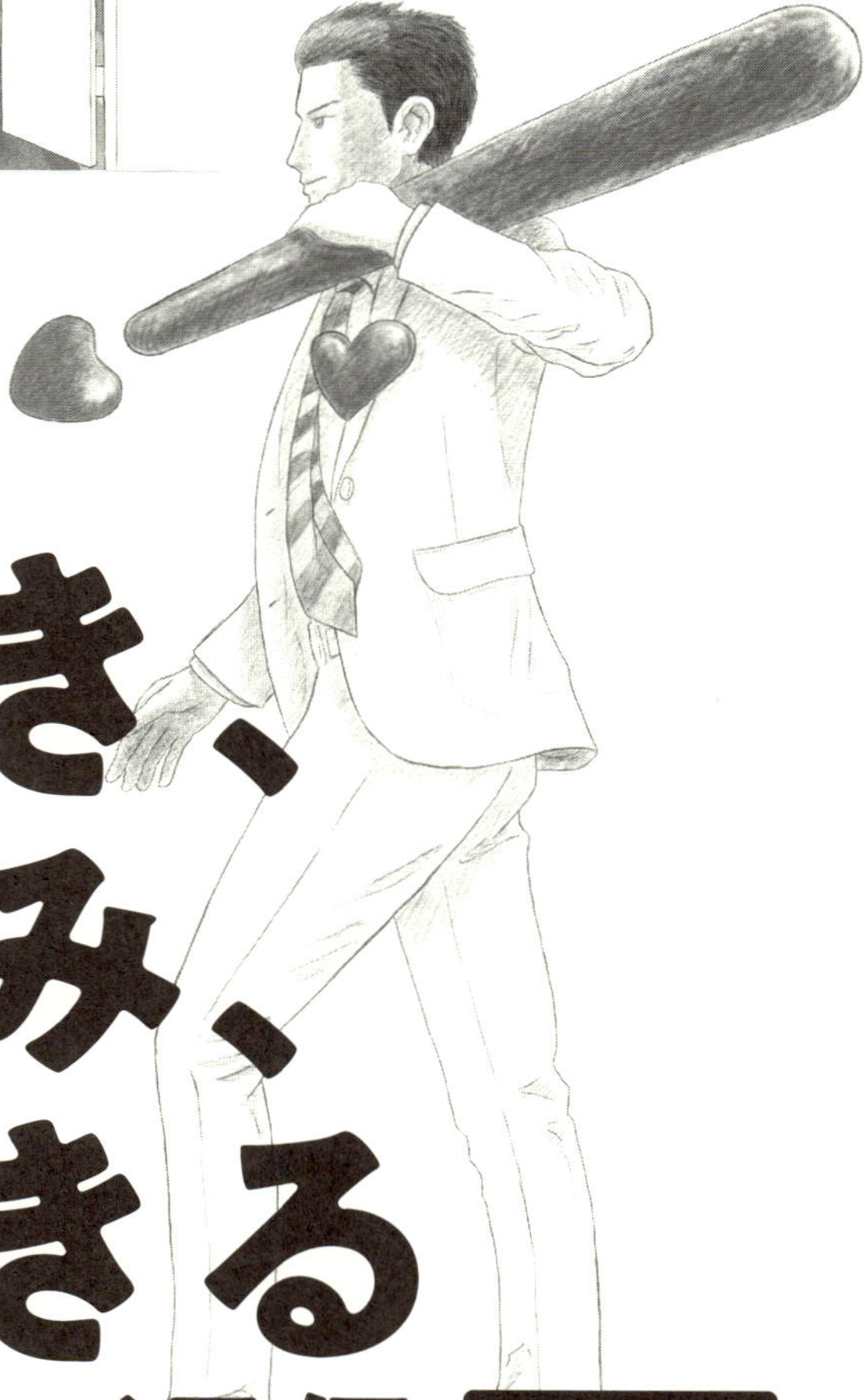

働き、悩み、生きる
君への返信

心の?を!に変える処方箋《レシピ》

鈴木 一正

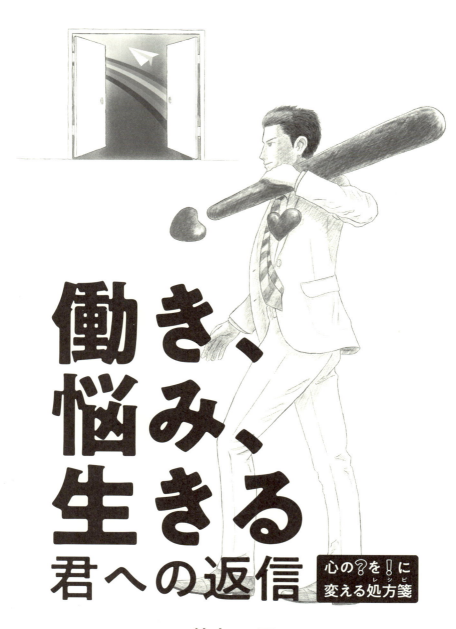

働き、悩み、生きる君への返信——目次

はじめに

この本は、幼い頃から自分の特技や個性といった、いわゆる「タレント」が明確で、自分の進むべき進路をはっきりと持った「君」への返信ではありません。

人生の時々で自分自身を見つめ、与えられた環境に配慮し、自分なりに真面目に考え、高校・大学を選び、そして会社を選んで仕事をしている、そんなどこにでもいるような「君」への「返信」です。

実は63歳の著者である「私」も、そんな平凡な人間の一人です。いつも真面目に考え、自分なりの結論を導き出し、進路を選び、一歩ずつ人生を前へと進めてきました。一度しかない人生だからこそ悔いを残したくないと考え、自分の進むべき道は本当にこれで良いのか、この道で悔いはないのかと自問し続けてきたのです。

私にとって、特に「仕事選び」は重要でした。仕事を通じて自己実現したいと考えて就職した会社ですが、入社前の想像と現実のギャップはとても大きなものでした。そのため、入社して一年も経たないうちに、この会社で良かったのかと悩み始めました。

結論から言うと、その会社で27年間仕事をし、50歳で教育関連の仕事に転職して現在に至っています。これまでの自分の仕事に悔いはありませんし、心より「ありがとう」と言いたいと思います。百人いれば百人の人生・仕事があり、満足も不満も喜びも苦しみもあるに違いありません。そして、その百通りの人生・仕事の中に、必ずこれからの「君」の人生にとって参考となるメッセージがあるはずです。もちろん、私自身の人生・仕事にも、何か参考になる部分があることでしょう。

世の中がドライになり、仕事は仕事として割り切った人間関係が多くなってきているように感じます。しかし、そのような世の中では経験や知識の伝承ができないと考えます。私は自分が経験し、感じ、考えたことを、できるだけ多くの人に伝承したいと考えています。そのため、毎日のように部下や会社以外の人達と交流しています。誰よりも、真面目に「働き、悩み、生きる君」へ情報発信したいと考えているのです。そんな彼らとの会話から、次のようなことに悩んでいるのだと感じられるようになりました。

・この仕事（会社）で本当に良かったのか？
・上司や同僚との人間関係が上手くいかない！
・人を導き、育てるリーダーになるためには？
・同期との出世競争に負けたくない！
・苦労してまで海外経験は必要か？

・転職したい！

その答えは、一人ひとりの「君」の中にしか存在しないのかもしれません。しかし、その答えにたどり着くためには、さまざまなヒントや気づきなどが必要だと感じます。だからこそ、私は「君」にエールと共にメッセージを送りたいと思います。私からのこの「返信」が、「君」にとってのヒントになることを祈っています。

二〇一八年十一月

鈴木　一正

プロローグ

数年ぶりに降った大雪が、東京の街を覆い尽くしています。仕事場である「顧問室」の窓から見下ろす東京の街並みは全てが真っ白に染め上げられており、いつもより清清しく、美しく感じられます。

「コンコン…」

私のもの思いを断ち切るように、控えめなノックの音が響きました。反射的に「どうぞ」と応えて、デスクのイスに座ります。ドアを開けて顔を覗かせたのは、利発そうな顔立ちの若者。確か企画開発部門の期待の新人で、入社してまだ数年だったはずです。

「どうしたんですか？」

「ちょっと相談したいことがあるんです。先日上司と呑んでいた時に、『鈴木さんに相談してみたら？』と言われて……」

「いいよ。何でも言ってごらん」

こんな感じで毎日若者の相談相手になるのが私の仕事です。

私はあるIT系中堅企業で顧問という地位に就いています。多くの企業において、いわゆる顧問というのは名誉職のようなもの。実際は何もしていない、という人がほとんどでしょう。

しかし、私はそのような仕事をしたくありませんでした。大手自動車部品メーカーで27年間働き、教育関連企業で理事を務めた後、縁のあった友人のひとりが私に彼の会社の役員就任を打診してくれました。私は役員というより、顧問の方がありがたいと自分の希望を伝えました。

その上で、私は彼に、一つだけ条件をつけさせてもらうことにしたのです。それは、「社員の相談相手になりたい」ということです。そのため、役員フロアではなく、社員と同じフロアの一角に「顧問室」を作ってもらうことにしたのです。

長年にわたって仕事をしてきた私は、その時間の中で得られた知識や経験を、一人でも多くの若者たちに伝えたいと考えるようになりました。そのため、わざわざ数多くの社員が忙しく立ち働くフロアの一角に「顧問室」を設けてもらったのです。そんな私にとって、彼らの悩みに耳を傾け、何かアドバイスを贈るのが仕事です。そしてできれば、彼らが自ら答えにたどり着けるようなヒントを与えたいと考えているのです。

アドバイスの内容は、時と場合によってはその若者の将来を決するものにもなり得ます。そのため、面談の際に色々とお話を聞いた上で、即答するのではなく、自分の知識や経験を振り返り、何度となく読み返した上で、メールを「返信」することにしています。それが若者に対する礼儀ではないかと考えるからです。

おかげで、少しずつではありますが「顧問室」の存在は社員の間に浸透し始めています。ただ単に世間話をしに来る人もいるので、全員が悩みを抱えているわけではありませんが、毎日誰かしらが何か話をしに訪れてくれるようになりました。さて、今日はどんな悩みに出会えるのでしょうか？

今の仕事（会社）が自分に向いていない！

と悩んでいる君へ

――佐藤英之さん（24歳）の場合――

「僕はこのままこの会社で働き続けていいのか、本当に迷っているんです！」

今日、私の部屋を訪れたのは、入社してまだ一年ほどの若手営業マンの佐藤英之君です。営業部のホープとして入社した佐藤君は、思うように営業活動ができずに悩んでいました。その結果、「今の会社でこのまま働き続けてもいいのか？」と考えるようになっていたのです。

「どうしてそんなふうに迷うのかな？」

「僕は何か具体的にやりたいことがあってこの会社に入社したわけではありません。ある程度名前の知られた会社だし、先輩たちもイキイキと仕事をしているし……。正直に言えば『ここでなら働けるかなぁ』くらいの感じで入社することにしたんです。ですが、同期はみんな具体的な目標を持って仕事に取り組んでいるようですし、大学時代の友人たちもそれぞれ具体的な目標に向かって頑張っています。目標のない自分が、なんだか取り残されているような気がして……」

「確かに周りのみんなが自分よりも立派になっていると感じることはあるでしょう。では、佐藤君はこの会社を辞めてどうするのですか？　何か具体的な目標があるのですか？」

「いえ……そういうわけではないのですが……。今のままでは仕事が忙しく、なかなか目標を見つけられるような気がしません。一度仕事を辞めて自分と向き合う時間が必要なのかもしれないと感じるようになったんです」

「なるほど。私にも『会社を辞めたい』と考えていた時期がありました。その頃のことを思い出しながらメールを書きます。とりあえずそのメールを読んでから、辞めるかどうかもう一度考えてみてはいかがですか？」

「分かりました。そうします。ありがとうございます！」

前略

佐藤君、昨日は「顧問室」を訪ねてくれてありがとう。君の悩みに耳を傾けながら、私は自分が新入社員だった頃のことについていろいろと思い出していました。確かに私自身のことを振り返ってみると、仕事を始めたばかりの頃は「この仕事がやりたかったことなのか？」と感じていたものです。

私は学生時代に特にやりたいことを見つけられず、働くということに対して具体的なイメージがありませんでした。そこで私は、製造業を中心にこれから伸びそうないくつかの会社の面接を受けて、その中から最終的に大手自動車部品メーカーに入社したのでした。時代は高度経済成長期で、その部品メーカーには大きな将来性があると感じていました。何かやりたいことがあって入社したわけではなく、やりたいことは後から見つければいい、くらいの感じで選んだ仕事でした。

文科系の学部を卒業した私が製造業であるその会社で仕事をするにあたって、職種のイメージは営業職しかありませんでした。ところが、私が配属されたのは生産管理部でした。やりたい仕事かどうかという以前に、どんな仕事かも分かりません。工場に行っても「大卒って坊ちゃんだよな」「苦労知らないよな」みたいな子ども扱いです。上司は高校を卒業してすぐに現場で働いた経験のある人が多く、また怒られて灰皿を投げつけられたこともあります。そのような扱いを受けることはとても心外で、2年目ぐらいから「本当にこの会社で良いのだろうか？」という疑問を感じるようになりました。

それでも私は「石の上にも3年、いやもう少し」と思い、その会社で仕事を続けたのです。入社から7年程後、私はUSAの現地法人への赴任を命じられ、素晴らしい上司とも巡り合い、仕事をする上での軸となる部分を体得することができました。

まず佐藤君にサジェスチョンしたいのは、佐藤君が感じている疑問や不満の原因がどこにあるのかを、きちんと掘り下げて考えてみるということです。「本当にこの会社でいいのだろうか？」「このままこの仕事を続けるべきだろうか？」といった疑問や不満を感じるということは、どこかにそのように感じる原因があるはずなのです。

深く探っていくと、佐藤君が現在の仕事に不満や疑問を感じる原因は次のうちのどれか、あるいは複数だと考えられます。それは「会社そのものに問題がある」「人間関係に問題がある」「佐藤君自身に問題がある」という3つです。まずは原因について突き詰めて考えてみてください。そのうえで、また「顧問室」を訪れてくれると嬉しいです

草々

「メールありがとうございました。確かに僕は『なんとなく自分のやりたいことが見つからない』『もっと時間がほしい』といった漠然とした理由だけで、会社を辞めたいと考えていたような気がします。それで、ちょっと考えてみたのですが……」

私がメールを送った翌日に、佐藤君は再び「顧問室」を訪れてくれました。再び私の部屋で向かい合うと、佐藤君はゆっくりと話し始めました。

「僕は今までずっと『この会社は自分のやりたい仕事やチャンスを与えてくれない』『自分はもっと別の会社で働いた方が力を発揮できるはずだ』と感じていました。学生時代はそれなりに成績も良かったたし、サークル活動などでもリーダーシップを発揮してきたんです。だから仕事でも認められて成果を残せるはずだ、と考えていたんですよね」

「なるほど……。確かに、私がこれまでの人生で接してきた人たちの中にもそのような人は決して少なくありません。佐藤君はいわば挫折を知らないというか、たぶんこれまで大きな失敗をすることなく過ごしてきたのでしょう。しかし、仕事においては、時に自分がどれだけ頑張っても脚光を浴びないこともあります。時に『自分を殺して』歯車の一部とならなければならなかったり、縁の下の力持ちにならなければならなかったりするものなのですよ」

「そうですね。いただいたメールの若い頃に苦労された話を読んで、自分の甘さを感じました。会社は機会を与えてくれるかもしれませんが、一人ひとりの目標や、やりがいまで与えてくれるわけではありません。仕事というのは自分で創っていくものなんですね……」

そう言ってはにかんだように笑った佐藤君は続けて次のように語りました。

「鈴木さんに言われたように不満の原因を考えてみたら、僕は何でもかんでも会社のせいにしていたのだということがよく分かりました。もう少し、この会社で仕事をしながら深く考えてみます」

前略

佐藤君、今日も「顧問室」に来てくれてありがとう。私の手紙を読み、原因について考えてくれたみたいですね。ありがとう。

私は、大手自動車部品メーカーに入社して数年で「本当にこの会社でいいのだろうか？」と疑問を感じるようになりましたが、結局、22歳から49歳までの27年間働き続けました。この会社で働くことに対して迷いがなかったわけではありません。それでも働き続けた最大の理由は、一言で言うと「家族を守りたかった」ということに尽きるでしょう。よく、男にとっての仕事は「自己実現」だと言われます。しかし、25歳で結婚した私にとって、働くことは家族を養うための手段でもありました。家族を路頭に迷わすわけにはいかないと真面目に考えた結果、迷いながらも働き続けたのです。「家族のために辞めずに働く」と決めた自分の決断を、私は全く後悔していません。

しかし、私が自分の決断を後悔していないからといって、現在悩みの真っ只中にいる佐藤君が、この先もこの会社で働き続けて後悔しないというわけではありません。そこで、私が考える「会社そのものに問題がある」「人間関係に問題がある」「佐藤君自身に問題がある」という3つの問題について、一つずつ詳しく見ていきたいと思います。

まず、最初の「会社そのものに問題がある」と考えられる場合は、会社の理念を改めて見直してください。私は、会社は単なる金儲けのための道具ではなく、それぞれの会社には社会的に成すべき使命と役割があると感じています。そして、会社はその使命や役割を「理念」という形で掲げるべきなのです。ですから、この会社が掲げている理念が自己中心的で、金儲けのことしか考えていないようなものならそれは「虚業」であると言って差し支えありません。今すぐに辞めて他の会社の面接を受けた方がいいでしょう。しかし、会社の理念が人々の幸福をサポートするものなら、それは君の仕事に相応しい「実業」だと思います。

佐藤君が今働いているこの会社が人々の幸福をサポートすることを目指しており、実際にそのような取り組みを行っている「実業」であるなら（私は顧問として、そういう会社であると信じていますが…）そう簡単に辞めるべきではないと思います。

次に、「人間関係に問題がある」場合です。これはなかなか難しい問題ですが、どんな会社でどんな仕事をしていても、上司や同僚などにきっと合わない人はいるでしょう。

私は自分の前に立ち塞がる物事を、自分でなんとかできる「改善の対象」か、それとも自分ではどうにもならない「与えられた環境」のどちらかかを見極めたうえで対処するようにしてきました。そして、このような「会社の同僚や上司と合わない」という問題は、自分で改善することが難しい「与えられた環境」であると考えるべきと思っています。ですから「石の上にも3年」という気持ちで、下っ腹に力を込めて最低でも3年間は続けるべきだと思います。

私の経験では、会社というのは一人ひとりのことを意外とよく観ているものです。佐藤君が「向いてないいな」「合わないいな」と感じているとしたら、会社もきっと同じように感じていることでしょう。お互いの利益を最大化するためにマッチングは大切ですから、異動などによって上司を変えたり、仕事の内容を変えたりするはずです。もし「異動までの数年間がガマンできない」と感じるようなら辞めても構いませんが、それではどこで働いても不満を感じてしまうことでしょう。

そして最後が「佐藤君自身に問題がある」というケースです。私もそうでしたが、君も何か「具体的にやりたい仕事」に取り組んでいるわけではありませんね。

たとえば、ピアニストになりたい人は、一分でも長く、一曲でも多くピアノを練習するべきですし、サッカー選手になりたいなら、一本でも多くシュートの練習をするべきです。しかし、会社で働く人たちにとっては「これをやればいい」というものはありません。逆に言えば、会社で働いている人たちの多くは、大学を卒業するまでに具体的な夢や目標を描けなかった人たちが多いのではないでしょうか。私もそうですし、きっと佐藤君も同じではないですか。

そんな私や佐藤君のような人間にとって、仕事にやりがいを感じられるようになるまでには長い時間が必要です。自分が取り組んでいる仕事に満足できる、天職だと感じられるようになるまでには「長期戦」を覚悟してください。腰をすえてじっくりと取り組んでいるうちに、佐藤君の中に何か答えが見えてくるはずです。つまり、佐藤君の中に、今やっている仕事ではない「具体的にやりたい仕事」がない限り、転職したとしても転職先で再び不満を感じてしまうことになると思います。まずは「石の上にも3年」という気持ちで、今の仕事に取り組んでみてはいかがでしょう? キーワードは**「やり切る。積み上げる」**です。また何か、疑問や不満などがあればいつでも「顧問室」を訪ねてください。私はいつでも君の訪問を待っています。

草々

現在、佐藤君は将来性のある営業マンとしてバリバリと精力的に仕事に取り組んでいます。しかし、それは私のアドバイスによるものではありません。あくまでも佐藤君が自分自身で自分のことを振り返り、不満や不安の原因を突き詰めて考えた結果だと思います。

しかし、佐藤君のように感じている人は、決して少なくないでしょう。そんな時には、まずは自分自身をきちんと振り返り、問題の原因がどこにあるかを見極めてほしいと思います。原因は主に3つです。**「会社そのものに問題がある」か「人間関係に問題がある」か「自分自身に問題がある」か**。自分にとっての問題がどこにあるのかが分かれば、その対処法も見えてくるはずです。

その会社の理念に共感でき、その会社の諸活動が理念に基づいて実践され、自分もその会社の一員となって理念の実現のための役割を担いたいと思う会社を選びたいものです。

② 何事もやり切る、積み上げる

「神は細部に宿る」と語ったのは、ドイツの20世紀建築界の巨匠、ミース・ファン・デル・ローエです。私もこの言葉通り、物事が成就するかどうかは「細部のこだわりの積み重ね」に左右されると感じています。例えば、杖づくりの名人職人は1本の杖をつくるのに1カ月もの時間をかけるのだとか。しかし、そのでき映えは大量生産の杖とは文字通り別格の、感動を与える逸品となるのです。

私たちも、仕事に取り組む時には細部にこだわってやり切ることが大切です。つまり、一つひとつの仕事の完成度や納期遵守にこだわるという姿勢です。そして、細部にこだわりながら、一つひとつの経験を積み上げてほしいのです。「時は流れる」と言う人がいますが、私は**「時は積み上がる」**と感じています。過去の上に現在があり、現在の上に未来が積み上がっていきます。人生とは「フロー」ではなく、一つひとつ丁寧に積み上げる「ストック」なのだということを意識してほしいと思います。

もしあなたが転職したいと感じたら、まずは自分が今の会社でできることをやり切ったかどうかを真剣に考えるようにしましょう。きちんとやり切ることなく途中で諦めてしまうと、何もストックされません。一つひとつの仕事にこだわり、やり切ることで、人間の「考える力」、いわば「生き抜く力」とでも呼べるような力が少しずつ高まっていくのです。

顧問からのワンポイントアドバイス

「今の仕事（会社）が自分に向いていない！」と悩む君へ

①　その会社は、社会的な存在意義・使命を意識しているか？

会社は泳ぎ続けるマグロのように、常に前へ、先へ、未来へと進み、自らの成長・拡大を目指します。しかし、成長するためには会社全体が同じ方向に進んでいく上での方針・指針が必要です。その最上位に位置するのが理念です。

理念とはその会社の存在する理由を明示したものですから、ゴーイングコンサーンとしての会社の経営者・従業員が何代にもわたって実現すべき存在意義・使命でなければなりません。会社を選ぶに当たって、私は**「その会社の存在が人々の幸福の実現をサポートするかどうか」に着目すべき**だと考えます。逆に言えば、その事業活動を通じて人々の幸福を奪ってしまうような会社を選ぶべきではないのです。そのような会社はいずれ淘汰されていくでしょう。

「理念を実現するための方針体系」

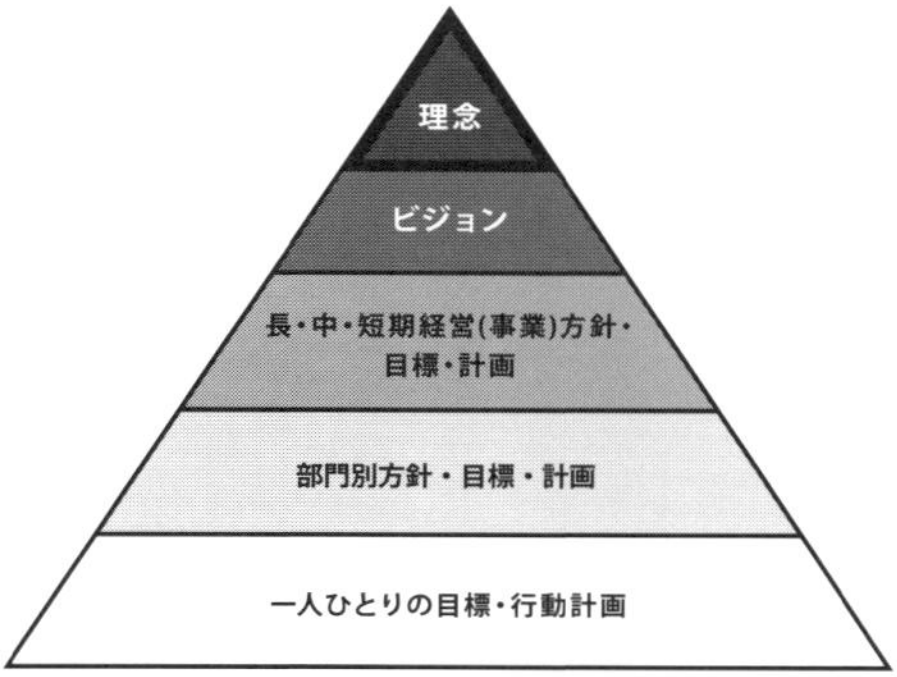

会社は一般的に図のような方針体系を構築し、一人ひとりの行動を理念と整合させるための仕組みを作っています。それにより、各レベルで決められた方針・目標・計画が切れ目なく展開されていくのです。

上司とのソリが合わない！

――宇都宮カオリさん（32歳）の場合――

と悩んでいる君へ

「今の上司の田所さんとはどうしても合わないんです。彼から命令を受けるのもイヤですし、自分の仕事が彼の手柄になるというのも許せません。そんな風に感じてしまったら、やっぱりもう辞めるしかないですよね……」

直属の上司とどうしても折り合いが悪く、会社を辞めた方がいいと悩んでいるのは制作部の宇都宮カオリさんです。彼女は、持ち前の美的センスとユーザー目線に立った画期的なアイデアで、この会社が提供しているサービスを数多く成功へと導いてきました。その活躍はテレビや雑誌などのメディアにも度々取り上げられ、彼女に憧れ、彼女と一緒に働きたいとこの会社への入社を希望する若者も少なくありません。

「以前の制作局長である近藤さんは、私のアイデアを尊重しながら、ビジネスとして収益をあげるための実践的なアドバイスをくれました。だけど、今の田所局長は私の価値をどこまで理解しているのかよく分かりません。それで結局、田所さんがクライアントと考えてきたアイデアを形にするだけ。確かにそれで利益は出るかもしれませんが、それではユーザーの目線が欠けているし、何より作っても使っても楽しくないんです。それではウチが提供するサービスとしてはイマイチだと思うんですよね」

「なるほどね。では、宇都宮さんとしてはもう一度近藤局長の体制に戻ってほしい、というわけですか？」

「いえ……。今は全社的に厳しい状況だというのはよく分かっているつもりです。田所さんが制作のトップになったのも、事業をきちんと収益化していくうえで制作部全体の立て直しが欠かせないという面があるのだと思います。ですから、ある程度のテコ入れは覚悟していたのですが、ここまでとは思っていなかった、という感じですかね……。決して元の体制に戻りたいというわけではないんですけどね……」

これまで彼女の上にいた上司は、制作畑出身で彼女の意見を尊重し、彼女を自由に働かせてくれる人でした。しかし、全社的な経費節減の影響で制作部門のトップにそれまで制作の仕事をしたことのない営業畑出身の上司が就くことになったのです。バリバリの営業マンとして活躍してきたその新上司は、制作の仕事を低く見ているわけではないのでしょうが、会社に利益をもたらすのは営業的センスであり、自分の役割だという信念があります。その信念のもとで、さまざまなムダを省いて事業を根本から見直し、一刻も早い収益化を目指しているのです。

「難しい問題ですね。確かに私も上司との折り合いに悩んだ時期があります。その時のことを思い出しながらメールを送りますね」

「ありがとうございます！」

前略

宇都宮さん、先日は顧問室を訪ねてくれてありがとう。貴女の悩みに耳を傾けながら、私は自分が折り合いの悪い上司とどうやって仕事をしていくかについて悩んでいた時期のことを思い出していました。

私も若い頃、どうしても好きになれない上司の元で働かなければならなかった時期がありました。こう言うと驚かれるかもしれませんが、私は人付き合いが苦手な方で、人に合わせて行動することができませんでした。今思えば若気の至りというか、自信過剰な面もあり、自意識過剰でもあったのでしょうね。しかし当時は、自分の取るべき態度について「彼の価値観に合わせるべきか？」「反発して自己流を貫くべきか？」とさんざん迷ったものです。

会社という組織の中で働くうえで、上司との折り合いはとても大切です。折り合いが悪いという理由だけで、たとえ自分なりに努力をしていたとしてもそれが成果として認められないこともあります。たとえば、私はかつてメーカーの生産管理の仕事をしていたのですが、当時の上司から「君が企画してやり始めた工数管理システムを完成させろ！」とだけ命じられてそのまま放置されたことがあります。相談に乗ってもらうことはおろか、なかなか口すら聞いてもらえない状態で2年間過ごしました。なぜそうなったのか、今でもよく分からない面がありますが、たぶんその上司は私の言動が気に入らなかったのだと思います。その2年間、私は本当に悩みました。前の上司の承認を得てスタートさせた工数管理システムの企画・導入ですが、たくさんの工場に同一システムを導入するためには各工場の合意が不可欠です。この合意形成に苦労しました。こちらを立てればあちらが立たずといった具合です。入社5年目の私には少々荷が重過ぎる仕事でした。しかし、なぜか上司のサポートを得られない中、毎日毎日工場を回り、理解活動をしていたのです。

そして身も心も疲れきって「転職」という二文字が頭の中をぐるぐる回り出した頃、私は海外拠点への駐在を命じられたのでした。

しかし、何が幸いするか分かりません。その左遷ともいえる海外勤務のおかげで、私は社内でもいち早く海外を知っている人材という希少人材になることができました。私がUSAで5年間仕事をして帰国すると、日本では製造業の多くが生産拠点を海外へと移転し始めていたのです。そして、私が所属していた会社でも、海外勤務経験のある人材への期待がものすごく高まっていたのでした。

この経験から私が学んだのは、第一に**「人間万事塞翁が馬」**ということです。宇都宮さんは既にご存知かもしれませんが、これは中国の故事に由来する諺で、「人間」とは「世間」を指し、「塞翁」とは「城に住んでいる老人」という意味です。城塞に住んでいたある老人のところから逃げ出した馬が仲間を連れて帰ってきたり、逆に増えた馬が老人の息子をケガさせたりなど、一見すると不幸なことが幸福をもたらしたり、逆に幸運なことが災いをもたらす、というエピソードです。そこから「人生というのは全く予測ができない」という意味で使われます。

貴女も、今は上司と折り合いが悪くて思ったような成果が出せないかもしれません。しかし、たとえそうだとしても今の経験は決してムダではないはずです。「人間万事塞翁が馬」と考えて下っ腹に力を入れて、まずは現状を受け入れてみるのはいかがでしょうか？

第二に学んだことは、**良い事も悪い事も長くは続かない**ということです。必ず終わりが来ます。良い上司との別れもあるし、悪い上司との別れもあるということです。その変化に一つひとつ反応するというより、それぞれの状況において自分が何を成すかを考え、実行すること。それを積み上げることの大切さです。上司の問題というより貴女自身の問題です。

会社は貴女が思っているよりずっと貴女のことを見て、色々考えているはずです。

草々

私がメールを送ると、その翌日の朝に宇都宮さんは再び顧問室のドアをノックしました。

「メールありがとうございました。確かに、人生は予測できないことばかりで、どんな経験も決してムダではないと思います。ですが、私は『今』仕事でスキルを発揮したいのです。決して焦っているわけではありませんが、今は定年まで一つの会社で働き続ける時代ではありません。この会社とは別のステージだってたくさんあります。他の会社へ移ればスキルが発揮できるかもしれないのに、それでもこの会社に残るべきでしょうか？」

「確かに、転職した方が自分に向いているステージに立てるというケースもあるでしょう。

しかし、私は苦しい環境の中で歯を食いしばって耐えることも必要だと思います。そのように厳しい試練を受け入れることが、次のもっと明るい道、高いステージにつながると思うのです。人生は諸行無常です。苦しみも楽しみも、いつか必ず終わるものなのですよ」

「確かにいつかは終わると思いますが……。そこまでこの会社に執着するつもりもありませんし、そんなにのんびり構えるメリットはありますか?」

「私の場合、そのような不遇の時期があったことで『なにくそ!』という、いわば胆力のようなものが備わったような気がします。それともう一つ大切なのは、人の本性のようなものが垣間見えることです」

「本性ですか? それはどういうことでしょう?」

「宇都宮さんのように、バリバリ仕事をして世間からも注目されている人の周囲には、いろんな人が集まってきますよね。私も、仕事が順調な時には周囲にたくさんの人たちがいました。しかし、上司から疎まれてしまったとたんに疎遠になってしまった人も少なくありません。そういう意味では、不遇の時期にこそ、自分の周囲にいる人たちが本当に信頼に値する人かどうかを見極めることができるのです。その時、貴女が見極め、得られた仲間は心から信頼の置ける素晴らしい一生の財産になりますよ」

「なるほど……。確かにそういうものかもしれませんね……」

そう呟いて黙り込んでしまった宇都宮さんの様子を見て、私は少し不安を覚えました。なんとなく、私の言葉が届いていない、腑に落ちていないように感じられたのです。もちろん私も、自分のアドバイスが全ての人に届くとは考えていません。しかし、宇都宮さんのように「自分」だけを基準にして物事を進めていくと、必ずどこかで大きく躓いてしまうような気がしてならないのです。

そこで私は、そんな宇都宮さんに再びメールを送ることにしました。

前略

宇都宮さん。私のメールをしっかりと読んでくれてありがとう。「会社に対して執着がない」「今自分のスキルを発揮したい」という貴女の思いはよく分かりました。

あの時貴女に話をした、「不遇の時期だからこそ得られるもの」の話も大切なので、メモ代わりに残しておきます。私は上司に疎まれて仕事で成果を残せなかった時期があったからこそ、「なるようになれ」「やれるもんならやってみろ」とでも言うような胆力が身に付きました。そして、そのような、いわばどん底に落ち込んだ私に見切りをつけて去っていった人もたくさんいました。不遇の時期というのはとても辛いものですが、若いうちは得られるものも少なくありません。敢えて逃げずに、正面からぶつかって楽しんでみるというのもいいかもしれませんよ。

「会社に執着していない」「今スキルを発揮したい」というあなたの思いは理解できますが、人生というのは白か黒の二者択一ではありません。今までのあなたの仕事はこの会社の大きな資産となりました。そして、それは同時に貴女のキャリアにおいても大きなステップアップとなったことでしょう。

貴女はこの会社でさらなるステップアップを期待していたはずです。しかし、組織変更にともなって思うような仕事をさせてもらえなくなってしまいました。そうなった時の貴女の選択肢は、「自分に合う上司に変わるまでステップアップを諦めてガマンする」か、「ステップアップが望めないならスキルを発揮できる別のステージを探す」という直線的な判断だけでしょうか？

私は決してそんなことはないと思います。たとえば私のように、いったんステップアップの本流から外れて、数年間人間を見る目を養う、与えられた環境の中で実力アップの努力を真面目に継続するのはいかがでしょうか？

先日お話したように、楽しいことも苦しいことも永遠に続くわけではありません。上を目指し続けるのもいいのですが、それだけでは息切れしてしまいます。いつかは分かりませんが、いつか必ず潮目は変わりますから、その時に最大限の力を発揮できるように準備するのもいいかもしれません。

もし時間的余裕が生まれたら、本を読む、人に会って話を聞く、家族との時間を過ごす、ボランティアをやってみる、といった仕事とは直接関係のないことに時間を使ってみてはいかがでしょう？　経験したことにムダなものなどありません。私の経験から言えば、**苦しい逆風の時の時間の使い方が、次のステージの成否を決める**ように感じます。一つひとつの経験が宇都宮さんの中に満ちていれば、潮目が変わった瞬間に爆発的なエネルギーとなって大きな成果を生むことでしょう。富士山のような高い山には広い裾野がありますよね。是非裾野を拡げてさらなる高みを目指してください。これからの貴女の仕事を楽しみにしています。

草々

このメールを送ってから数日後、宇都宮さんからメールが届きました。そこには、私が送ったアドバイスに対するお礼と、それでもやはり退職することを前提として田所局長と話をしているという内容が書かれていました。残念ながら私のアドバイスは宇都宮さんの心には届かなかったということになります。

しかしその時ふと、宇都宮さんがまだ若い女性であることを思い出しました。最近の入社試験などでは、成績上位の学生は女性で占められると言われることも少なくありません。現代は相対的に女性の方が優秀だということも耳にします。男性たちにはもっとしっかりとしてほしいものだと思います。

しかしその一方で、女性は出産や子育てなどのために人生において働くのが難しい時期がありま す。そうなると、必然的に休職によるブランクや、退職、転職が避けられません。私は生涯同じ会社で働き続けたいと考えていましたが、女性から見ればその前提そのものが異なっているのかもしれない、と思ったのです。

それに、ファッションなどに関しても、若い女性はたとえ良いものであっても同じものを長く使うよりは、安くてもその時の最新アイテムを手にしたがります。そういう意味で、女性の方が男性よりも「時間」という感覚に対してシビアなのかもしれません。そしてだからこそ、宇都宮さんは「今」にこだわったのかもしれないと思ったのです。

そういうわけで、私は会社を去る宇都宮さんにもう一度メールを送ることにしました。

前略

宇都宮さん。会社を去ることを決められたと聞きました。宇都宮さんとお会いできなくなるのはとても寂しく、また優秀な社員を失うことはとても残念だと感じます。他社への転職ではなく、自らの会社を立ち上げるそうですね。宇都宮さんほどの実力のある女性なら、きっと上手くいくことだろうと思います。そのために、私からの最後のアドバイスを送らせていただければと思います。

宇都宮さんは上司である田所さんと対立し、自らが動くことを選びました。確かに、自分と合わない上司を変えようとするよりは、自分の活動の場を変えることを決断し、自分の手で新たな環境を作り出そうとしています。その意欲、行動力はとても素晴らしく、もはや賞賛の言葉しか出てきません。

一方、あまり自分を貫き過ぎるのも考えものです。上手く行っている時は良いのですが、時に思いもよらない落とし穴が待っているかもしれません。もちろん、「もっと相手に合わせるように折り合いをつけろ」ということが言いたいわけではありません。しかし、上司に限らず誰かと意見や考え方が対立する時には、どちらか一方だけに非があるというわけではないでしょう。対立するからにはきっとその双方に、なんらかの理由があると思うのです。

ですから今回、宇都宮さんが上司である田所さんと対立したのは、相手への思いやりや気遣いなども含めて、お互いに理由があったのだと私は思っています。まずはそのことをしっかりと心に刻んでいただきたいのです。

そして、たとえ環境を変えたとしても、宇都宮さん自身が変わらなければまた同じようなことが起こるかもしれません。ですから、環境を変えるだけでなく、まずは宇都宮さん自身を変えるということを意識していただきたいと思います。それはたとえば、相手に投げかける言葉を変えてみる、相手の立場で考えてみる、全く新しい視点で考えてみる、といった具合です。

新会社のトップとして宇都宮さんらしいリーダーシップを発揮してほしいと思います。そのためにも、**自分を変えることを恐れない**でください。そして、新たな挑戦を続けていただきたいと思います。宇都宮さんの前途が洋々たるものであることを心よりお祈りしております。

草々

くまずは自分を変えることが大切だと考えます。中国の戦国時代の諺に、「隗より始めよ」という言葉があります。これは「大事業をするには身近なことから始めよ」あるいは「物事は言い出した者から始めよ」という意味で使われる言葉のこと。燕《えん》の昭王に「どうすれば賢者を集めることができるか」と相談された郭隗《かくかい》が「賢者を招きたければまず凡庸な私を重用すべし。そうすれば優れた人物が自然に集まってくる」と答えたという故事に由来します。

状況を変えたい、相手を変えたいという時には、発想を変える、仕組みを変える、言葉を変えるなど、まず自分が率先して変わるべきではないでしょうか？

顧問からのワンポイントアドバイス

「上司とソリが合わない！」と悩む君へ

①　良い事も悪い事も、長くは続かない

「三つ子の魂百まで」という諺がある通り、人間の根本は変わらないと言われます。私も確かにそういう部分はあると思いますが、仏教用語には「諸行無常」という言葉もあります。これは「この世の現実存在は全て、姿も本質も常に流動変化するものだ」という意味です。つまり、人間も含めて変わらないものはないというわけです。

また、「人間万事塞翁が馬」は、一見幸運のように感じられる出来事が不幸につながったり、誰が見ても不幸だと感じられるような出来事が幸運につながったりするといった意味の諺です。将来とは予測不可能なもので、時間が経ってみないと結末は誰にも分からないといえるでしょう。

ですから、今もし君が何か壁にぶつかっていたり、苦しんでいたりするとしても、それは決して長くは続きません。そのことを、まずはしっかりと心に刻んでほしいと思います。どんな出来事にもいつか終わりが来ます。そして、**君が壁にぶつかったり、苦しんだりした経験こそが、後々君の成長の糧になる**はずだと信じてほしいと思います。

②　変化を求めるなら、まずは自分が動いてみる

私たちは何か上手くいかないことがあると、自分以外にその理由を求めてしまいがちです。例えば、上司が悪い、取引先が悪い、といったように。しかし、本当にそうでしょうか？　上手くいくようにするために、自分は何をしたのでしょうか？

私は、状況を変えたいと思うなら、相手をどうこうするのではな

部下への指導に自信が持てない！

――中山健司さん（33歳）の場合――

と悩んでいる君へ

ある日の昼下がり、顧問室の私のドアがノックされました。「どうぞ！」と答えると、営業部の中山健司さんがドアの陰から顔を覗かせました。中山さんは誠実な人柄と人懐っこさで営業マンとして好成績を記録し、若くして課長に抜擢されました。そして現在は営業三課の責任者として8人の部下を率いています。

「課長として部下を持つことになった時はとても嬉しかったんです。しかし、どうもマネジメントの仕事は自分に向いていない気がしてきたんです。プレーヤーとして営業をしていた時には数字で結果を残せたのでシンプルで分かりやすかった。だけど、マネージャーになってからは自分の仕事の成果がよく分からなくなりました。『私のマネジメント手法は正しいのか』とか『部下たちはきちんと育っているのか』といったことばかり考えてしまいます。

鈴木顧問は、部下に対して不安を感じたことはなかったですか？」

中山さんの営業三課では、既存のクライアントに加えて、若いメンバーならではの感性で新たなニーズを発掘し、新規市場の開拓に注力しています。私はこの仕事は中山さん向きだと感じていたのですが、本人は悩んでいるようです。

「確かに私も、初めて部下を持った時には悩みましたね。部下を持つということは、今までのように自分のことだけ考えているわけにはいかなくなるし、責任だって大きくなりますからね」

「そうなんですよね。三課の仕事は新規市場の開拓なので、今すぐに売上などの結果を出すことを求められているわけではありません。幸い、私自身のクライアントの売上がありますから、それと部下たちそれぞれの新規顧客の数字を合わせれば今のところは何とかなっています。とはいえ、それほど悠長なことも言っていられません。そろそろ新規市場に関しても具体的な見通しを立てたいところなんです」

「なるほどね。若くして課長に抜擢されただけあって周囲の期待がプレッシャーになっている、という感じですか？」

「プレッシャーというほどでもないのですが、本当に今のやり方でいいのだろうか？という疑問や不安ですね。つまり、今やっていることの延長線上に目標達成があるのかという疑問と、私のやり方で部下たちは成長できるのだろうか、という不安です。一つの課を任されている以上、一人で目標達成できるわけではありません。しかし、私も含めてチームのメンバー全員がまだまだ成長過程にあるような気がしてなりません。そんななかで私は彼らに対してどこまで責任を持てるのだろうか、と悩みますね」

「だけどそういう意味では、人間はいくつになっても成長し続けるものだと思いますよ。だから、現時点でできる最善を尽くせばいいのではないですか？」

「それはそうかもしれません。しかし、自分がまだ課長になる前、営業成績もそれほど残せなかった時のことを思い返してみると、やはり上司にさまざまなアドバイスをいただいたおかげで一歩ずつ成長することができたように感じます。ですから私も、部下たちと真正面から向き合い、上司として示唆し、導いてあげたいと思うのです。確かに年齢は近いので、飲みに連れて行って話を聞くなど、一緒に悩んであげられているとは思います。だけど、導くとなると何から手をつけて良いのやら、どう導くのが正しいのやら、全く見当がつかなくて途方に暮れているという状態です」

「なるほど。中山さんは知っておられるかもしれませんが、英語の『management』の意味は、そもそも『何とかする！』ということなんですよね。私は管理職も『何とかする人』と定義しているんですよ。では、私なりに『管理職とはどうあるべきか？』について考えたことを、後日メールにまとめて送るようにします。一度読んで、感想を聞かせてください」

「ありがとうございます！」

前略

中山さん、先日は顧問室へ来てくれてありがとう。中山さんが感じている管理職としての戸惑いや不安、迷いは、私も常々持っていました。ですから中山さんの話を聞きながら、管理職になったばかりのことを懐かしく思い出していたんですよ。

私も管理職になりたての頃、部下に対してどのように接すればいいのか、ということについて悩んだ時期があります。そして長い時間を経て、自分なりに「管理職はこうあるべき」だと感じられる結論にたどり着きました。その結論について、これから述べていきたいと思います。

まず、中山さんが部下の人たちに対して真正面から向き合おうとしている姿勢に、私はとても好感が持てます。私は、部下と接する時に最も大切だと感じるのが、**誠心誠意、部下と真剣に向き合う**姿勢です。それはいわば、自分の子どもと向き合うように愛情を持って、部下とも向き合わなければならないと感じるからです。

私は27歳の時に初めて子どもを授かりました。そして、30歳の時に二人めの子どもが生まれました。子どもというのは知識や経験がゼロの状態で生まれてきて、親や学校、習い事、友人関係などからさまざまなことを学び、身に付けていきます。そして自分なりに考えて進むべき道を模索し、やがて独り立ちしていきます。

そんな子どもたちを育てた経験の中で、反省も含め今思うことは、子どもを一人の人間として扱い、その意思を尊重することが大切だということです。もちろん私は子どもの親であり、彼らよりも先に産まれて長く生きているわけですから、その時々に有効だと感じるアドバイスは与えます。しかし、たとえ自分の子どもでも相手を一人の人間として認めていれば、何かを押し付けるようなことはできません。相手の意思や考え方などを尊重し、進みたい方向へと進ませるべきなのです。

部下も同じです。上司としてさまざまな情報やアドバイスは与えますが、最終的に判断するのはその人自身です。ですから、一人の人間としてその意思や意見、考え方を尊重すべきです。だからといって何でも自由にさせていればいいというわけではありません。仕事はチームで行うものですから、部下の意思や意見、考え方など、チームとしての方向性の基本的なところは一致させていなくてはなりません。チームの和を乱す行動なども慎んでもらわなければならないでしょう。とはいえ、この会社に在籍している時点で、既に同じ会社という一つのチームの中にいるわけですから、それほど大きな方向性の違いはないはずです。

つまり、アドバイスなどを与えながら自分で考えさせて、自分で答えを出させること。一人の人間として尊重しつつ、間違った方向へ進まないようにしっかりと見守ることが大切といえるでしょう。

私が「管理職とはどうあるべきか」と考えた事柄は、実はまだまだたくさんあるのですが、まずはこのことをお伝えしたいと思います。

草々

私がメールを送った翌日、中山さんは再び顧問室を訪ねてくれました。

「メールありがとうございました。確かに顧問のおっしゃる通り、部下の自主性に任せるべきだと思います。しかし、どうしても部下のやり方に口出ししたくなったり、自分のやり方を押し付けてしまったりしてしまいます。どうすれば部下が自ら考え、動くまで待つことができるのでしょう？」

「それは確かに難しい問題ですね。確か中山さんには一人男のお子さんがいますよね。そういう時には、自分の子どもと接する時のことをイメージすればいいと思いますよ。子どもに何かを教えるにあたっても、ただ待つだけではダメですね。とはいえ、真正面から「あれをしろ」「これをやれ」と言っても反発を招くだけでしょう。もちろん、部下は面と向かって反発することはないかもしれませんが、逆に何でも上司の言うとおりになってしまうのも問題です。ですから、そんな時にはさりげなく目に付くような場所に読んでほしい本を置いてみるのがいいでしょう。また、子どもなら素直に耳を傾ける親戚などからアドバイスをしてもらう、部下なら直属ではない上司や先輩からアドバイスしてもらうというのもいいかもしれませんね」

「なるほど、直球勝負ばかりではなく、たまには変化球も必要ということですね」

「もちろん、愛情を持って相手と全身全霊で向き合うというのが前提ですよ。私は上司として部下と接する際には、自分の子どもに対するのと同じように接するのがベストだと思っています。しかし、子どもは一生自分の子どもですから、時間はたくさんあります。それに対して、部下と一緒に仕事をする時間は限られています。ですから、部下に対しては自分の子どもに対するよりもより短期集中で向き合う必要があります。中途半端に気にかけるくらいなら、何もしない方がマシです」

「分かりました。それで、鈴木顧問の『管理職とはどうあるべきか』の続きは何ですか？たとえば、部下に対して正しいアドバイスを与えるためにできることはありませんか？」

「そうですね。前のメールを読んでいただけたようなので、続きをメールしましょう。また読んだ感想など聞かせていただけると嬉しいですね」

「分かりました。楽しみにしています！」

そして中山さんは仕事へと戻っていきました。私はそんな中山さんが出て行ったドアを眺めながら、しばしもの思いにふけっていました。

私が「管理職とはどうあるべきか？」ということについて考えるようになったのは、自分が管理職になったことがきっかけでした。しかし、当時から系統立てて考えがまとまっていたわけではありません。年を重ね、さまざまな経験を積み上げるなかで、少しずつ確信の持てる形になっていったのです。しかし今は顧問ですから「時既に遅し」かもしれませんが。

私が考える「管理職とはどうあるべきか?」とは、書物や講演会などで得られたエッセンスもありますし、友人や同僚、上司や部下などとの議論で感じたこともあります。しかし、ここまで管理職のあるべき姿について突き詰め、それを子育てと対比するようになったのは、心から子どもを思っていても、仕事にかまけて子育てを妻任せにしてしまい、積極的に子どもと交わり、関わってこなかったことへの罪悪感のようなものがあるのかもしれません。

親として仮に子育てに失敗したら、それは自分の生涯をかけて責任を取らなければならないテーマとなります。しかし、もし部下の育成に失敗してしまうと、その部下が次に所属した組織で迷惑をかけてしまうかもしれません。それは、会社に対して損害を与えることにもなりかねません。だからこそ、管理職として部下の育成に手を抜くことは許されないのです。

それでは、上司として部下を持つことになった時、具体的に上司は部下に対して何をどこまでやらせればいいのでしょうか。それはたとえば、「どこまで部下の自由に行動させるか」あるいは「どこまで部下の行動を管理するか」といったこととも関わってきます。できれば一人ひとりが自分で考え、自分で行動し、責任を取ってもらいたいものです。しかし、仮に部下が何か問題を起こしたら、その責任は上司にあります。ですから、どこまで部下の行動や考え方に関わっていくかが重要なのです。

私にとって、それを判断するための基準となるのが**「権限と責任の一致にこだわる」**という軸です。これは一見難しい言い方ですが、要は「責任を取らせるなら相応の権限も与えなくてはならない」ということ。つまり、部下に責任だけを押し付けたり、逆に権限だけを大きくし過ぎたりしてはならないということです。責任と権限のバランスが取れていることが重要なのです。

会社における人材育成は、学校での教育とは異なり、若い人たちの良い部分や個性を伸ばせばいい、というわけではありません。一人ひとりの個性よりも優先すべきは会社の方針です。この方針に沿った形で育成が行われなければならないのです。

そんな思いを込めて、中山さんにメールを書くことにしました。

前略

中山さん、メールを読んでくれてありがとう。では前回の続きから説明していきたいと思います。

私が考える「管理職とはどうあるべきか？」において、部下に対して自分の子どもと同じように愛情を持って全身全霊で対峙する、ということの次に大切なことが、会社全体の中の自部門の役割をしっかり認識することです。このように書くと中山さんは「当然だ」と感じられるかもしれません。しかし、実際には、自分勝手な考え方で自分も走り、部下にも走らせてしまうことが多々あります。達成すべき目標設定も、実践すべき施策も、そして人の育て方も、今述べた「役割」をしっかり認識して行わなければなりません。

管理職として部下を持ったら、まず身に付けなければならないのは、**「方針管理」の実践力**です。「方針管理」の実践力とは、会社全体の中の自部門の役割から導き出された目標や施策を関係部門との調整の上で定め、それを実践し、目標を達成することです。

会社が掲げているビジョンに沿って作られた経営目標を達成するために、自分たちの課なら課で何をやるべきかについて考え、それを部下たち一人ひとりが成すべき成果や行動として課すこと。そして、課全体として目標達成を実現すること。それが管理職の仕事です。そして、部下たちがそれぞれの目標達成を目指していくプロセスの中で、もしズレが生じてきたら元に戻すように軌道修正することもまた、管理職の重要な仕事の一つです。

このような管理職の役割について、私は**「管理職＝正常を定義して異常を正常に戻す人」**と定義しています。つまり、管理職は常に「正常とは何か？」を考えていなくてはなりません。正常とはすなわち自部門の役割から導き出された目標であり、施策であれば予め定められた質・量・コスト・タイミングのことです。

管理職は常にアンテナを張り巡らせて、いち早く異常を察知しなくてはなりません。売上などの数字として異常が出てからでは手遅れです。手遅れになってから「異常が発生しました！」と声を上げるのは、管理職ではなく単なる報告者です。管理職である中山さんは、常に未来の正常を創り出していくように心がけてください。

では、管理職が報告者にならないようにするためにはどうするべきでしょうか。それは、自分だけではなく、課全体で未来の正常を創るということです。管理職一人が未来の正常を創ろうとしていくら努力をしたところで、それは実現不可能です。まず、営業三課のメンバーたち一人ひとりが察知したことを全て中山さんに報告しなくてはなりません。その上で中山さんは「今は正常といって良い状態か、異常というべきなのか？」とか「課内のコミュニケーションは充分とれているのか？」「チームワークが機能しているか？」「異常を正常に戻すための3カ月計画表などのフォーマットがあるか？」「仮に異常が発生した時に正常へ戻せるリードタイムがあるか？」といったことを考えなければなりません。

ぜひ、そのような視点で管理職としての仕事を見直し、どのような能力を身に付ければそれが可能となるのかをよく考え、整理していただきたいと思います。

草々

私がこのメールを送ると、三度中山さんが顧問室を訪ねてくれました。その表情は少し明るくなったような印象です。

「鈴木顧問、メールありがとうございました。いただいたアドバイスを何度も読み返しました。管理職としての私が今やるべきことが、少しずつですが具体的に見えてきたように感じます。本当に助かりました。ありがとうございます」

「いやいや。私も中山さんと同じようなことで悩んだからこそ、今アドバイスすることができたのです。中山さんも今悩んでおけば、いずれ部下の皆さんに対して良いアドバイスができるようになると思いますよ」

「そうなればいいですね。ところで、今日は鈴木顧問にいくつか質問をさせていただきたいと思って参りました。いまお時間よろしいですか？」

「ええ。構いませんよ」

「ありがとうございます。ではまず、部下が自分のイメージ通りに動いてくれなかった場合のことです。たとえば、小さな子どもの将来の可能性は無限にあるので自主性に任せてもいいと思うのですが、私たち営業三課のチームとしては目標を達成できないというわけにはいきません。私はこれから、もっと管理職としての仕事を全うできるように自分を変えていくつもりです。そして、同時に部下たち一人ひとりの行動を変えていきたいと考えています。部下に動いてもらう、仕事をしてもらう方法について、何かサジェスチョンをいただければありがたいと思います」

「そうですね。まず、指示を明確にすること。**部下を動かすための第一歩は言葉の定義や納期などを正確に伝える**ことです」

「私はなるべく具体的な指示を出すようにしていますが、明確とはどういうことですか？」

「自分以外の人に何かをやってもらうためには、まずその人にやってもらいたいことや自分が形にしたいイメージなどをきちんと伝えて共有しなければなりません。これをきちんと共有しておかないと、だんだんズレていって最終的に全く違う結果になるかもしれません。それではダメなのです。たとえば、現状を『before』、ありたい姿を『after』として対比させて示すなどです。私の経験ですが、部下が自分の思うように動いてくれない原因は意外に自分自身の指示の出し方にあることが多いんですよね」

「なるほど、分かりました。では、きちんと私のイメージを共有してやってもらってもできなかったらどうすればいいのでしょう？」

「それはきっと、私よりも中山さんの方が得意でしょう。出来ないことの内容にもよりますが、出来ないということは少なからず悩んでいることでしょう。ですから、部下の気持ちになって一緒に原因を考えてあげる、悩みがあるなら聞いてあげる、対策を一緒に考えてあげる、といったことでしょうか。とはいえ、全ての部下が中山さんのイメージ通りの仕事ができるわけではありません。一人ひとりができることをやれるだけやり切ったら、その結果を受け入れることも必要です。会社の人事部門というのは人をよく観ていますから、どうしても仕事が合わないようならローテーションで別の部署に配属されるはずです。これは『放り出す』というのではなく、やはり向き不向きをきちんと見極めたうえでの『適材適所』だと考えましょう。合わない仕事を続けるのは、本人にも会社にもデメリットしかありません。つまり、**人を動かすには『①部下が自分で感じるまで待つ』『②部下が自分で感じられる環境を作る』『③指揮命令系統を使う』を①から③の順番でやる**ことではないでしょうか」

「なるほど。よく分かりました。では最後に、もし私が『管理職に向いていない』と感じたらプレーヤーに戻るべきでしょうか？」

「人間誰でも得意なこともあれば不得意なこともありますよね。私は人間には皆それぞれに天から与えられた役割があると思っています。そんな私が言えるとしたら、中山さんに与えられている役割と、部下の方々に与えられている役割は異なります。中山さんにできないことを、課の他のメンバーが上手にできるかもしれません。

ですから、中山さんも全てを自分でやろうと考えない方がいいと思います。**一人ひとりがマイナスの部分をプラスにするための努力ではなく、プラスをさらに伸ばす努力の方が楽しいし、役に立つ**と思うのです。そうやってそれぞれの得意分野を持ち寄って、苦手な部分を補い合って新たなことを実現する。それこそが、チームで働く会社ならではの働き方ではないでしょうか？　そんな職場にできるなら、管理職として適性があるといえるでしょう」

「なるほどなるほど。とても分かりやすくて……。なんだか少し肩の荷が下りたような気がします。ありがとうございました。今回教えていただいたことをベースにして、新たな三課を作り上げます。楽しみにしていてください！」

元気よくそう言うと、中山さんは目をキラキラとさせながら部屋を飛び出していきました。

もしあなたが、ある課の課長職なら、まずはその課の正常とは何かを明確化しなければなりません。通常、部署ごとに役割が定められていますから、その内容を確認した上で、より上位の方針・目標・計画に基づいて課の方針・目標・計画を立案します。これが正常の明確化の第一歩です。

次に、あなたの課の方針・目標・計画を実現できるよう、所属するメンバー一人ひとりの目標・行動計画をメンバーと一緒に立案します。これが正常の明確化の第二歩です。

そして、日々の仕事の中で一人ひとりが目標・行動計画を実践していきます。とはいえ、仕事においてトラブルなど異常事態の発生は日常茶飯事です。メンバー一人ひとりとのコミュニケーションを円滑にして、OJT等の場を活用し、異常を正常に戻す努力を続けましょう。もし課のレベルで解決が困難な場合は、部長はじめ関係者とのコミュニケーションを円滑に行い、異常を正常に戻す努力を行いましょう。これが管理職の中心的仕事です。

顧問からのワンポイントアドバイス

「部下への指導に自信が持てない！」と悩む君へ

①　素直な心で接し、最後まで責任を持つ

人の上司になるということは、会社や部下に対してさまざまな責任を伴います。それはもしかすると、親になる時と同じようなものなのかもしれません。
そこで気をつけたいのは**「素直な心」**を持つということです。それは「我を捨てる」ということと近いかもしれません。まずは先入観や執着を捨てましょう。「我を捨てる」ことができて「素直な心」を持てば、自ずと広い視点で目の前のことを捉えることができます。人を指導する立場にある人がそのような視点を持つことは、部下の可能性をぐっと広げることにつながります。

それともう１つ、自分を取り巻くさまざまなものを**「畏れる心」**も大切です。「畏れる心」があれば、相手を敬い、大切にすることができ、全てに配慮することができるようになります。自分がされたら嫌なことをやらないように配慮し、自分がやってほしいことをするように心がけるようにしましょう。そうしていれば、お互いに気持ち良く仕事ができるようになるものなのです。

そして最後に、親が子どもに対するように、部下に対して最後まで責任を持ってほしいと思います。**最もやってはいけないのは、部下を甘やかすこと**です。甘やかしたツケは、甘やかしたリーダー当人ではなく、その会社が支払うことになるからです。

②　管理職の役割とは、正常を定義し、異常を正常に戻すこと

管理とは、正常を定義し、異常を正常に戻す仕事です。この定義をまずはしっかり頭に入れておいてください。

自分の仕事が公正に評価されない！

と悩んでいる君へ

――岩田真理子さん（41歳）の場合――

間近に控えた講演会の資料作成に予想以上に手間取ってしまい、珍しく遅くまで顧問室で作業をしていたある夜のこと。控えめなノックの音が聞こえたので反射的に「どうぞ！」と声をかけていました。

「こんばんは」

顔を覗かせたのは、技術チーム課長の岩田真理子さんです。この会社に入社する前は大手家電メーカーのエンジニアだったというだけあって、パソコンやインターネット、スマートフォンなどに関するスキルは圧倒的。クライアントと折衝する営業職や会社のサービスとユーザーをつなぐサービス開発などのように、目立つことは少ないのですが、確かな技術とスキルでさまざまなサービスを裏側から支える縁の下の力持ちとでも呼ぶべき存在です。そんな彼女は、この会社でも稀な女性管理職として、20名余りのメンバーを率いています。

「おや。どうしたんですか?こんな遅くまで珍しいですね」

岩田さんは結婚していてお子さんもいるため、普段はあまり遅くまで働いていません。残業で家に帰る時間が遅くなって家族と過ごす時間を犠牲にするくらいなら、転職すると公言しているほど。裏方とはいえハードな仕事であるはずなのに、ムリなくムダなく、効率的に働く岩田さんは今やわが社の「働き方改革」の見本のような存在なのです。

「そうなんです。ちょっと自信がなくなってしまって……。鈴木顧問もこんな遅くまでいらっしゃるなんて珍しいですね。どうかされたんですか?」

「いやいや、ちょっと講演会の資料をまとめていたらこんな時間になってしまいました。そろそろ帰ろうかなと思っていたところなんですよ」

「あっそうなんですか。顧問室が明るかったので、こんな遅く失礼かなと思ったのですがノックさせていただきました。ちょっと相談したいことがあったんですが……」

「あぁ。それならお話を伺いますよ」

「すみません。実は私、これまで技術面では誰にも負けないという自信があったんです。ＩＴエンジニアの世界は基本的にトレンドの移り変わりのスピードが速いので、常に最新の情報をキャッチアップし続けている必要があります。ですから私は、常に個人としてのスキルアップを意識しながら仕事を続けてきました。会社の中での出世とかではなく、業界の中で常にトップクラスの存在であり続けたいと思いながら仕事に取り組んできたんです」

「なるほど。確かに、うちの会社のサービスを支える技術面は岩田さんに任せておけば安心という風潮はありますよね」

「ありがとうございます。だけどこのところ、私の思い込みと勘違い、そしてきちんとコミュニケーションが取れていなかったための誤解などが重なって、サービス開始日にクライアントの要望通りのサービスが提供できなかったトラブルが続いているんです。もちろん、その度に修正して、ギリギリで何とかなりました。しかし、部長からも先日こってりと絞られたし、何より営業やサービスなど、他部署のメンバーにまで迷惑をかけてしまっているのではないかと思い、自分が許せなくて……。私なりにチャレンジングな内容で、この会社ならではの優位性につながる画期的な試みになると考えて努力してきたのですが、トラブルが重なったために全く評価されなかったんです。ネガティブなフィードバックが続くとちょっと自信を喪失してしまいました」

「う〜〜ん。でも仕事にも波がありますからね。そういう時期もあるんじゃないでしょうか？　私にもありましたよ」

「実は、今まであまり失敗することがなかったので、叱責されることに慣れてないんです。でも、鈴木顧問でも叱責されるようなことがあったんですか？」

「もちろんありますよ。私は仕事でもプライベートでもたくさんの壁にぶつかってきました。では、私が体験した壁の話と、それらを乗り越えるコツなどについてのアドバイスをメールで送りますよ」

「ありがとうございます！　こんな遅い時間に突然お邪魔してしまって、申し訳ありませんでした。メール楽しみにしています」

そんな岩田さんの後姿を眺めながら、私は自分が壁にぶつかってしまった時のことを思い出していました。

岩田さんと同じ40歳代前半の頃の私は、岩田さんのように業界トップクラスを目指して仕事に取り組んできたわけではありません。しかし、私なりに努力を積み重ねて、求められている成果を出すことができたと自負していました。ところが、上司から与えられたのは叱責の連続だったのです。

その時のことを思い出すと、やはり今でも腑に落ちない部分が残っています。ですから、その後もことあるごとに、何度も繰り返し「なぜ叱責されなければならなかったのか」と考え続けてきました。

真面目で優秀な岩田さんだからこそ、こういう機会によく考えてほしいのです。ですから私にとって未だに消化不良の部分も含めて、「一生懸命努力しても、仕事で評価されない時はどうすればいいのか？」ということについて、なるべく包み隠さずにメールを書くことにしたのです。

前略

岩田さん、先日は少しお話ができて嬉しかったです。しかし、貴女のような仕事のできるしっかりとした方でも壁にぶつかることがある。それは当たり前といえば失礼かもしれませんが、壁にぶつからない人はどこにもいないと思います。私もそうでしたが、壁にぶつかって成長できたようにも思っています。

さて、それでは先日お約束した私が壁にぶつかった経験と、それにどのように対処すればいいかということについて書いていきます。

私は岩田さんと同じ40歳代前半の頃、自分の仕事が上司から全く評価されず、逆に「何をやっているんだ！」と怒鳴られてばかりだった時期があります。その時、私は条件反射のように「申し訳ありません！」と謝罪の言葉を口にしていました。

しかし、よくよく考えてみれば、その仕事は私なりに努力を積み重ねて成果を上げたと感じられた、いわば自分なりに手応えのあった仕事でした。ですからあの時、私は「申し訳ありません！」と謝るのではなく、「なぜ？」と問いかけなければならなかったのです。

それは、自分の仕事を評価してくれない上司に対して不満をぶつけるということではありません。なぜそのように叱責を受け続けなければならないのか、ということについてきちんと分解して自分なりの解を出すことが必要でした。具体的に言うと「本当に成果が上がっていないのか」あるいは「成果は出ているのに評価されていないのか」または「成果が上がっていなくてなおかつ評価を受けていないのか」という風に、細かく分解して確認し、対処する必要があったということです。蛇足かもしれませんが、「成果が上がっていなくてなぜか評価されている時」もね。

それをやらなかったため、私はそれ以来何度もその時の自分自身の言動を後悔することになってしまったのです。

会社というものは経営方針に従って社員一人ひとりがそれぞれの役割を果たす場です。一人ひとりが果たしている役割の大きさに応じて、私たちは会社から給料をもらうのです。しかし、私たちは人間です。ですからどうしても「好き嫌い」や「えこひいき」といった感情が発生してしまうことがあるのです。

今思えば、本当は私の仕事がきちんと成果が上がっていたにも関わらず、それを上司が認めてくれなかったケースもあったと思います。また、それほど露骨ではなくても、たとえば上司から受けた指示が曖昧だったので私なりにその内容を斟酌して実行したら「そうじゃない！」と言われてしまうこともありました。

確かに、指示内容が曖昧ならきちんと確認して言質を取っておくべきです。そうすれば、失敗することはなかったかもしれません。それでも、空気的になかなか聞きづらい、確認しづらいということは少なくないもの。ましてや、思い込みや勘違い、誤解などに基づいて行動してしまうといったケースは数え上げればキリがありません。

ですから、評価する人の言葉を鵜呑みにするのではなく、「本当に成果が出ていないのか」ということを客観的に確認するようにしてください。これは、仮に自分が「失敗したな」と感じてしまっているようなケースでも確認するべきです。評価される側も評価する側も人間ですから、本当に客観的で正確な評価を行うのは難しいものなのです。

一方で、客観的にみて「成果が出ていない」のだとすれば、自分の仕事の進め方について、いやそれ以前に仕事への考え方などの基礎まで振り返り、どこで間違ってしまったのか、その原因を追究して修正しなくてはなりません。もちろん、全く成果につながっていない、というわけではなかったとしても「君に求めている成果はもっと大きいものなのだ」というケースもあるでしょう。つまり「成果が出ていない」という言葉そのもののニュアンスについても確認が必要かもしれません。

私はしばらくの間少林寺拳法を身に付ける努力をしていました。その教えの一つに「守・破・離」というものがありました。これは、まずは型や技など、指導者から教えられた基本をしっかりと身につけること。これが「守」です。そして、基本が身についたら次は応用です。これが「破」にあたります。そして最後に、指導者の教えから離れて自分なりの技へと昇華していきます。これが「離」なのです。私はこの**「基本・応用・オリジナル」**という「守・破・離」の流れは、仕事にも通じるものだと感じています。基本と応用ができていない状態で、いきなりオリジナルの技に挑戦しても成功するはずがありません。まずは基本をきちんと身につけたうえで、自分なりのアレンジを行います。そうやって、もし基本ができていないと感じることがあるなら、一度原点に戻って基本からやり直してみる勇気も必要かもしれません。そもそも「仕事の基本」とは何かの定義も、自分なりにしておかなければなりませんね。

草々

私にとって納得のいかない、失敗した経験も含めて綴ったメールを送った翌日、岩田さんが再び顧問室を訪れてくれました。

「メール読ませていただきました。鈴木顧問でも失敗して上司に怒られたことがあるんですね。なんだかホッとしました」

「そりゃあもちろんありますよ。私は岩田さんのように業界トップクラスの仕事を目指してきたわけではありません。それでも社内でそれなりに役に立つための努力を重ねてきました。もちろん失敗することもありましたが、一つひとつの壁をなんとか乗り越えてきたのです」

「そうなんですね。このところの失敗くらいでヘコんでいる場合じゃないですね。でも、同じ失敗をしないためのコツって何でしょうね？」

「岩田さんへのメールを書いていて、結局のところ**『言葉の定義』**が最も大切なのかもしれないと感じました。たとえば上司から『チームワークが悪い』とか『リーダーシップが不足している』、あるいは『見通しが甘い』と叱責されたとします。そんな時には、一つひとつの言葉についてその意味や定義を確認した方がいいかもしれません。言った本人だって厳密な意味で用いているわけではないでしょう。ちょっと嫌味に感じられるかもしれないので言い方には注意が必要ですが、お互いに言葉を意識する、つまり共通認識を増やすことはとても大切なことです。そうすることでムダな時間や労力、誤解やミスなどをなくすことにつながるのです」

「なるほど。言葉の定義ですね」

「それとね、実は体力も大切です。人間は疲れるとネガティブなことばかり考えてしまうものなのです。そうすると、同じことを言われたとしても『悪い意味』に受け取ってしまいかねません。運動して体力をつけ、正しい生活パターンを意識するようにしてください。そのためには、食事だって大切です。実は、私はかつて食事のほとんどを外食で済ませていた時期がありました。その当時は体調がおかしくなっただけでなく、精神的にも弱くなってしまったんですよ」

「そんな苦しい状況を、鈴木顧問はどのように脱出し、復活したのでしょう?」

「たとえば哲学とか、宗教とか、自然科学などのリベラルアーツを深め、**自分として揺るぎない軸を持つ**ことが精神的に弱った時の助けになると思います。私たちは小さな失敗や挫折を繰り返しながら、情報や知恵や趣味、友人など必ず何かを拾って成長し、次のステージへと上っていくのだと思います。**人生も仕事もフローで考えるのではなく、ストックで考える**方が良いのではないでしょうか。失敗もストックの一つだと割り切って、得るものを探すのもいいいかもしれません」

「分かりました。ありがとうございます」

「失敗して気分が落ち込んだ時にこそ、なるべくきちんとした食事を摂り、適度な運動と正しい生活パターンを心がけてください。それと、前のメールに追加でお伝えしたいことがあるので、また改めてメールを送りますね」

「ありがとうございます。よろしくお願いします」

この会社にとって岩田さんは必要不可欠な人材の一人であり、その実力はとても高く評価されています。ですからなるべく早く自信喪失から立ち直り、その力を思う存分発揮していただきたいと考えています。

そんな復活のヒントとなるように、私は岩田さんへのメールを書くために、再びパソコンに向かいました。

前略

先日は、私のメールを読んでいただき、ありがとうございます。岩田さんのお話を聞いていて、自分が経験したことをいろいろと思い出しました。そんな中で、もしかしたら岩田さんにとってヒントとなるかもしれない経験について書かせていただきます。

先日のメールで、少林寺拳法における「守・破・離」の「守」にあたる基本が大切と申し上げました。その基本は、体力、気力、知力、技術力など多岐にわたると思いますが、中でも特に大切なのが**「考える力」**、いわゆる**「論理的思考力」**です。「考える力」がベースにあって初めて、状況に応じた「判断力」や、自分らしい「表現力」などが備わっていくものです。ですから、まずは岩田さんにも「考える力」をさらに鍛えていただきたいと思います。もうできていると思わずにね。

もちろん、岩田さんに「考える力」がないというわけではありません。何か上手くいかない、思うような成果が出ないといった場合に、「考える力」が、それを乗り越えるための力になると思うのです。具体的な考える手法は、何でもいいと思います。演繹的に考える、帰納的に考える、など色々ありますね。そして、一人で考えてもいいですし、友人や同僚と対話をしながら考えるという方法もあるでしょう。とにかく考え続けることからしか、答えは見えて来ないのだと思います。そして、自分らしい、しかし、科学的で摂理に則った軸を持っていただきたいと思います。

その上で、**「仕事をやり切る、積み上げる」**を継続してほしいと思います。仕事というのは「自分がやりたいこと」をやるものではありません。相手の求めているものを求める形で提供し、それについて評価をいただくことですね。もし何かがズレていたり、伝え方が悪くて正確に伝わっていなかったりすると、どうしても自分が思うような評価が得られないという結果になりかねません。

仕事を楽しみ、モチベーションを高めていくためにも、評価を得るということはとても大切です。しかし、**仕事における本当の成果とは、自分自身の成長**だと私は思います。人から評価されることも大切ですが、その仕事を通じて自分が成長できたかどうかを確認しながら、一歩ずつ進んでいただきたいと思います。

草々

仕事というのは一人でできることではなく、必ず誰か相手があります。岩田さんは確かにこの会社にとって大切な人材であり、高いスキルも有しています。しかし、技術に自信がある岩田さんだからこそ、仕事では自分がやりたいことではなく、相手が求めるものを求める形で提供することが大切なのです。

そんな私の思いが伝わったのか、岩田さんはメールを受け取ると三度顧問室を訪れ「もう少しこの会社でやってみます」と言い残して仕事へと戻っていきました。今後、彼女は基本を固め、その上で自分の強みを活かした仕事で、多くの人を喜ばせてくれることでしょう。

習得と共に思考力・判断力・表現力などの育成を重視しています」と明記されています。つまり、子どもたちに対して「思考力」「判断力」「表現力」を高める教育を重視していくと宣言しているのです。

このように書くと「自分は考えている」と感じる人がほとんどだと思います。私も、皆さんはきっと考えていると思います。しかし、もう一歩踏み込んで考えることが大切かもしれません。考えることに対するアプローチはさまざまです。例えば、マーケティング計画の立案なら事実や事象から推論する帰納法が適用できるでしょうし、事業方針の立案などには将来のあるべき姿を前提に推論を導き出す演繹法が適用できます。そして、専門性の高い人を集めて知恵を出し合えば、考えが深まることも多々あります。**ただ漠然と考えるのではなく、「論理的に深く考える」**ことを心がけるようにしましょう。

顧問からのワンポイントアドバイス

「自分の仕事が公正に評価されていない!」と悩む君へ

① 責任と権限をセットにして、成果を「見える化」する

私は**仕事というものは「権限と責任」がセットになっている**と考えています。当たり前といえば当たり前のことですが、経営者など権限の大きい人たちは従業員よりも多くの責任を負わなければなりません。ところが現実には権限だけ持っている人がいたり、責任だけ取らされる人がいたりするケースも少なくありません。「権限と責任」がセットになっていないと誰も自分の判断で仕事をすることができなくなってしまいます。例えば、売上目標という責任を与えるなら、それを実現するための条件を付ける権限を与えるべきです。例えば、「売上目標が10億円なら今の人員で良いけれど、売上12億円を目指すならあと5人入れてください」といった具体的な条件を付加する権限のことです。

このように「権限と責任をセット」にすることで、より責任感を持って仕事に取り組むことができるでしょう。そうやって常に「権限と責任」をセットで明確化していれば、成果が出やすくなりますし、仕事が評価されないという悩みも少なくなるはずです。

② 考える力を高めて、科学的で摂理に則った軸を構築する

私は人間こそが価値創造の主体であると考えています。ですから、人は単に与えられた仕事や目の前の仕事をこなすだけでなく、自ら仕事を創り、それを形にしていかなくてはなりません。そのために大切なことの1つが「考える」ことです。

文部科学省の「新学習指導要領・生きる力」には「子どもたちの現状をふまえ、『生きる力』を育むという理念のもと、知識や技能の

海外赴任すべきか、止めるべきか？

と悩んでいる君へ

―― 吉田 篤さん（38歳）の場合 ――

暦の上ではとっくに春を迎え、ようやく日差しの中に温もりが感じられるようになったある日のこと。昼食から戻るとすぐ、ドアがノックされました。

「どうぞ！」

反射的に答えると同時にドアが開きました。「失礼します」という言葉とともに姿を現したのはシステム部の吉田篤さん。確か彼は、近々海外拠点への赴任を命じられていたはずです。

「こんにちは。どうしました？」

「すみません。ちょっと相談したいことがありまして……。今ちょっとよろしいですか？」

「どうぞどうぞ。お座りください」

吉田さんは勧められたソファに腰を下ろしましたが、どこか落ち着かない様子です。いつもは堂々としていて押し出しがいいタイプの吉田さんが、このように思い悩むのも珍しいこと。「相談がある」と訪れていながら、相談すべきかどうか迷っているようです。

「確か吉田さんは、もうすぐ海外拠点への赴任でしたね。準備は進んでいますか？」

「はい。いや……実はその海外赴任のことで相談がありまして……」

「何か問題でも？」

「問題というほどのことではないのですが、今さらなんですが、行くべきかどうか迷っていまして……」

この会社では、将来の幹部候補生に海外赴任を命じています。これは、やはりこれからの日本の会社経営において海外を視野に入れないわけにはいかないという事情があります。なるべく早いうちに海外拠点での業務を経験することで、日本とは異なる仕事の進め方や視点などを養ってもらいたいと考えているのです。

「なるほど。それはまた、どうしてですか？　この会社で海外赴任は、今後のステップアップに欠かせないチャンスですよね？」

「それは分かっているつもりなんですけどね。今はちょっとタイミングが悪いというか、あまり気が進まなくて……」

「海外での仕事がイヤなんですか？」

「そういうわけではないんです。学生時代には海外に短期留学もしていましたし、海外旅行だって好きです。英語は堪能ではありませんが、まぁ何とかなると思っています」

「ふむ。ではなぜ気が進まないのでしょう？」

「子どもがちょっと難しい年頃で、日本に残りたいと言っているんです。海外生活の魅力や英会話が身につくメリットなどについても話をしたのですが、なかなか納得してくれなくて。このままでは単身での赴任になりそうなんですよね」

「確かにこの会社では家族一緒での赴任を推奨していますね。吉田さんは家族と一緒でなければ行く気になれないと」

「それが難しいところなんです。決して一人で行きたくないわけではありません。海外での暮らしはもちろん、仕事にも魅力を感じます。きっと自分を成長させてくれる要素がたくさんあるだろうとも思っています。だけど一方で、子どもが多感で難しい時期だからこそ、一緒にいる時間を作りたいとも思うのです」

「グローバル化が進んでいるとはいっても、海外赴任となるとそうしょっちゅう日本に戻って来られるわけではないですからね」

「そうですよね。もしかすると父親は遠くから見ている方がいいのかもしれませんが、私は近くにいてやりたい。やってみないと分からない部分はありますが、家族を犠牲にしてまで出世したいと思っていないんですよね」

「なるほど。難しいですね。分かりました。参考になるかどうか分かりませんが、もし私が吉田さんの立場ならどうするかなど、私なりに思いつくことをメールします」

「ありがとうございます！　よろしくお願いいたします」

前略

吉田さん、先日は顧問室へ来てくれてありがとう。自分のキャリアにおけるステップアップに欠かせない海外赴任をしたい気持ちと、家族の在り方の間で思い悩み、揺れ動く吉田さんの気持ちはとてもよく分かります。そこで、私の海外赴任での経験から感じたことについて記したいと思います。

私は今から30数年前の1985年、30歳の時に、当時勤務していた大手自動車部品メーカーの社員としてUSAのカリフォルニア州ロサンゼルスに四人家族全員で赴任しました。当時はまだ、それほど海外赴任が一般的ではなかったため、同期の中でもかなり早い段階での海外赴任だったと思います。しかし、今とは異なり、当時は海外拠点への赴任は必ずしもステップアップではありませんでした。実際のところ、私の海外赴任も栄転というよりは左遷としての意味合いが強かったと思います。ですから、決して意気揚々と出かけたわけではありませんでした。

海外というのは、日本とは全く風土が異なります。これまで日本では当たり前だった常識は通用しないことも少なくありません。そのような異質なものを体感することは、私にとってとても大きな経験となりました。

当時の私はまだ30歳代で、気力・体力ともに充実し、心も柔らかかったと思います。仕事にも遊びにも打ち込み、楽しむことができました。もちろん、苦労だって少なくありません。日本の常識は通用しませんし、以心伝心なんて全く期待できません。日本と同じ仕事をやろうとしただけで、3倍くらい苦労したという記憶があります。

それでも、当時の良き上司との出会いも含めて、生活の全てが私に刺激を与えてくれました。そして結果的に、私はＵＳＡで過ごした5年間で、自分自身を大きく成長させることができたと感じています。そして、この5年間は、後に私が仕事をしていく上でかけがえのない財産となったのです。

もちろん、家族と共に過ごす時間を作りたいという吉田さんの気持ちはよく分かります。しかしそれでも敢えて、私は吉田さんに、新たな「場」に挑戦し、体験してもらいたいと思うのです。

人が成長するうえでは、知識も大切ですが経験も必要です。そして私は、人を成長させる要因は「場」にあると思うのです。
実際に、私がＵＳＡで過ごした5年間で見たものや聞いたこと、出会った人も全て、日本では得られないものでした。そして、海外拠点は中小企業のようであり、私は日本にいた時よりもワンランク上の、いわば経営者に近い視点で仕事をすることができました。その経験により、私はそれまでの自分の中にはなかった仕事のやり方を身につけることができたのです。そして、仕事の面だけに限らず、自分の生き方についても、深く考えることができたと感じています。言わば**挑戦の場が私の可能性をＰＵＬＬして（引き出して）くれた**と思います。

今の吉田さんが、私と同じような体験ができるかどうかは分かりません。しかし、なるべく若いうちに海外での暮らしを体験しておくことは、これからの仕事において必須となるのは間違いありません。吉田さんに限らず、この会社の優秀な若い人たちには、真の意味でグローバルな視点を持ち、自分自身をどこまでも成長させ続ける人材となってほしいと願っています。

草々

私が30数年前の海外赴任で感じたことや考えたことについて綴ったメールを送ると、再び吉田さんが顧問室を訪れてくれました。

「顧問。メールありがとうございました。読ませていただいて『確かに』と納得できる部分がたくさんありました。やはり、長期にわたる海外赴任は、短期の出張などとは全く違う体験ができますよね」

「そうですね。現地で暮らすからこそ体験できることは、日本で想像しているよりもたくさんあると思います。ですから、できれば家族の皆さんと一緒に行っていただくのがベストだと思いますよ」

「はい。もう一度家族とじっくりと話をしてみることにします。それで、いざ海外へ行くとなったら、どんなことに気をつけるべきでしょう？」

「あぁ。私は海外で上手くいった人も、上手くいかなかった人もたくさん見てきました。そんな中で感じたのは、海外での体験を自分のものにできる人には共通点があるということなんです。ただ、これはちょっと長くなってしまうので、またメールにまとめて送りますよ」

「ありがとうございます！　なんか、海外出張はよく行っているのですが、赴任となるとビビってたんですかね。鈴木顧問のメールを何度も読み返しているうちに『海外赴任ドンと来い！』という気持ちになりました。まぁ最悪は単身赴任ですが、今はネット環境も整っていますし、スカイプなどでテレビ電話もできますからね」

「う～ん。それはやはり同じ場所で過ごす方がいいと思いますよ。ただし、日本のように安全な国はそれほど多くありません。もしかすると一緒に行った家族はストレスを感じることがあるかもしれません。ですから、最初に吉田さんがおっしゃったような『家族と一緒の時間をつくる』『家族が協力してくれるから仕事ができている』ということを常に意識していただきたいと思います。時間や空間が一緒というだけでなく、きちんと家族と向き合うことが大切だと思いますよ。自分の反省も含めて言っておきます」

そんな会話をした後、私は考えをまとめるためにパソコンに向かいました。私は、海外へ出たことで日本のことを外から再確認しました。そして、日本のことがさらに好きになったのです。「治安がいい」「教育が行き届いている」「食事が安全でおいしい」「空気がきれい」など、その魅力を数え上げればキリがありません。日本にずっといるとそれが「当たり前」なのですが、実は世界的にみれば「有り難い」ことなのです。

そんな経験のおかげで、私は「ありがとう」と感じる機会が増えたように感じます。家族に対して、日本人に対して、そして日本という国に対して、感謝の念を抱き、自分が日本人であることに誇りを感じるようになったのです。

吉田さんも、海外でさまざまなことを経験し、日本人であるということに対して自信と誇りを持ってほしいと思うのです。そんな気持ちを込めて、キーボードを叩いていきます。

前略

吉田さん、メールを読んでくれてありがとう。私の体験談から、海外赴任について前向きになってくれたようで嬉しいです。海外で暮らすというのは、頭で考える以上にさまざまなことを感じるものです。ぜひ吉田さんにも体験していただきたいと思います。

さて、それでは先日のお話に出た「いざ海外赴任するとなったらどのようなことに気をつけるべきか」についてお話をしたいと思います。私は海外で多くの人を観てきました。そんな中で感じたのは、海外で上手くいく人といかない人がいるということです。そんな彼らをさらに観察しているうちに、上手くいく人にはいくつかの共通点があることが分かってきました。

まず一つは、**「自分の考えを持っている」**という人です。人からの受け売りや書籍などで得た知識だけではなく、自分でしっかりと考えて出した答えを持っているということです。

何でもいいのですが、最低でも日本の歴史や文化は理解しておいてほしいと思います。『古事記』や『日本書記』などについてもしっかりと目を通し、国の成り立ち、国民性、日本的な情緒のこと、あるいは日本食に関することなども重要です。日本人ならではの知識を持ったうえで、自分なりに日本人について考えておくことが大切だと感じます。日本で生まれ、暮らしていると意識することはありませんが、海外で日本人だと言うと、歴史や文化、考え方などについて質問されます。異質なものを理解するためには、まずは自分自身を理解し、言葉で説明できるようにしておく必要があるでしょう。

二つめは、**「違いを認め、受け入れることができる」**ということです。海外で仕事をするということは、肌の色や言葉が違うというだけでなく、人生観や宗教など、生きていく上での考え方も全く異なる人たちとチームとして一緒に仕事をすることになります。そうなると、違いを受け入れたうえで、仕事として一つの目標に向けてチーム全体をまとめ上げる必要があるのです。

ですから、違いにこだわったり、変えられないところまで同一にしようとしたりする人は向いていないといえます。金子みすゞさんの童謡『わたしと小鳥とすずと』の一節「鈴と、小鳥と、それからわたし、みんなちがって、みんないい」と同じように、「違うことは良いことなんだ」「違うからこそ学びあえるんだ」という感覚で仕事ができる人はうまくいくと思いますね。

三つめに、自分の得意分野をしっかり持っている、いわば**「技を持っている」**ということが大切です。「マーケティング手法」でも、「システム開発の能力」でも、「マネジメント能力」でも何でもいい。製造業であれば「精密な設計図面が描ける」とか「生産技術力がある」あるいは「生産管理の手法を理解している」なども考えられるかもしれません。要するに、「これは絶対に人には負けない」というものを持っていること。そういう自分の得意分野や技があれば、それを人に教えることができます。そうすると、言葉や文化などの壁をいとも簡単に越えることができるんです。

四つめは、**「ネットワークの形成能力」**があること。誰であれ「何でもできる」という人はいません。ですから、自分の不得意なことを補ってくれるようなネットワークを持っている人は海外でも強いといえます。たとえば何か問題が起こったときに、日本の仲間などの人的ネットワークを駆使して問題解決に当たるのは当然のこと。ですから、日頃からネットワークづくりを意識しておくことが大切です。

最後は、やはり何といっても**「コミュニケーション能力」**が不可欠です。これはたとえば、英語力といった言語の問題だけではありません。たとえ人種や言葉、考え方が違っても、相手は同じ人間です。ですから、相手が何を考えているのか、何を求めているのか、ということを理解しようとすることが大切です。自分がこうしたいという思いだけで突っ走るのではなく、「相手を慮る」あるいは「自分を弁える」といった、人と軋轢を生まない、円滑なコミュニケーションを実現する能力が不可欠だと思います。

この5つの能力は、海外で仕事をする時だけに限らず、概して仕事をする上で必要な能力です。とはいえ、全てを完璧に持っているという人はなかなかいないでしょう。吉田さんも、自分なりに「苦手だな」と感じる部分があるかもしれません。しかし、それでいいと思います。これらを意識することで、いつか意識した自分になることができるはずです。

草々

このメールを送ると、三度吉田さんが顧問室を訪問してくれました。

「鈴木顧問。お手紙ありがとうございました。とても参考になることばかりで、何度も何度も読み返しています」

「それはそれは。そう言っていただけると嬉しいですね」

「鈴木顧問は、まだ『グローバル化』のグの字も出ていない頃に海外赴任されているわけですけど、どうやってこのような考え方にたどり着かれたのでしょうか？」

「私が体験したことがベースになっていますが、海外で暮らしていた5年間で完成されたものではありません。その後日本に戻り、仕事をし、さまざまな人と関わるなかで、少しずつ形成されていったと言えるでしょうね。私はこれを『国際人のパスポート』と名づけて、これまで多くの人に授けてきたんですよ」

「海外赴任する人だけに限らず、仕事をする上での心構えとして、とても深くて重い内容だと感じます。これからもずっと意識していきたいですね」

「そう言っていただけると嬉しいですね。今回の海外赴任の件だけでなく、これから仕事をしていく中で、吉田さんはさまざまな岐路に立つと思います。そんな時には、ぜひ**『難しい方を選ぶ』**という精神で、苦難に立ち向かっていただきたいと思います。その方が、きっと得るものがたくさんあるはずですよ」

「ありがとうございます。そうしたいと思います」

グローバル化が進むなか、企業経営において生産拠点や市場などの面で世界という視点はもはや欠かすことができなくなりつつあります。そのため、人材育成のためもあって海外拠点などへと赴任する機会も増えています。

しかし、それは単に英語で仕事ができる、ということを意味しているのではありません。自分自身が日本の良さをきちんと理解した上でそれをしっかりと胸に抱き、お互いの違いを認め合いながら仕事ができるということが大切だと思うのです。

それぞれの国で現地の歴史や文化に触れ、それらを理解すること。違いを違いとしてきちんと認めること。そして、相手ときちんと対峙し、日本人に対するのと同じように「相手を慮る」「自らを弁える」ということができて初めて、日本の真のグローバル化なのではないかと思います。吉田さんに限らず、これから海外へと旅立つ全ての人に、この「国際人のパスポート」をしっかりと胸に刻んでいただきたいと思います。

力の強いものか。そうではない。最も頭のいいものか。そうでもない。それは、変化に対応できる生き物だ」という考えを示したと言われています。私はこの言葉は真理だと思っています。

私たちを取り巻く環境は変化を続けています。今まで強みだったことがある日突然弱みになってしまうことも少なくありません。そんな変化の中で、生き残っていくためのポイントの1つが多様性です。

変化に対応しながら生き残るためには、可能性を広げる必要があります。そして、可能性を広げるための手段の1つが、**異質を受け入れる**ということだと思うのです。それを経験できるのが海外赴任です。海外などの「場」へチャレンジして、考え方や価値観など「異質」なものと接してそれらを受け入れる。これは、一人ひとりの可能性を広げることにつながります。あるいは、チームメンバーに発想がユニークな人を参加させることによって、アイデアがブレークスルーしてチームの可能性が広がることがあります。このように多様性が可能性へとつながり、個人や会社が生き残る確率を高めるのです。

「多様性が可能性を拓く」

0 + 0 + 0 = 0

▼

0 + 0 + 0 + 1 = 1

異質の参画

▼

1 + 1 + 1 + 1 = 4

新しい発想の波及

▼

1 + 1 + 1 + 2 = 5

新しく参画した人も成長

▼

化学反応が連鎖して、
一人ひとりが変わり、会社全体が変わる

「0」に「0」を足しても「0」ですが、異質な「1」を取り入れれば「1」になります。異質な人材を積極的に取り入れることからチームに化学反応が起こるのです。

顧問からのワンポイントアドバイス

「海外赴任すべきか、止めるべきか？」と悩む君へ

①　人を成長させる最大の要因は「場」である

仕事は、まずは教えられた通り、そのままやってみることが大切です。例えば、少林寺拳法では、師からの教えを「守」「破」「離」というステップで身に付けていきます。最初の「守」とは、師の真似をすること。真似をしながら技術を身に付けていくことは、仕事にも当てはまります。しかし、素直な心で真似をしながら仕事に取り組んでいるうちに、疑問を感じることも出てくるでしょう。例えば「もっとこうした方が間違えにくい」「こうした方が効率的だ」といった自分なりの創意工夫をしたくなるかもしれません。それが仕事における「改善」であり、少林寺拳法における「破」です。そのようなアイデアを実行に移すかどうかは、先輩や上司と相談し、周りと協調することが大切です。やがて役職を与えられて人を育てる立場になった時、既存の価値観にとらわれず事業そのもののあり方を見直したり、廃止したり、といった改革のステップにつながります。ここまでくれば、今までの「型」を捨てて自分らしい仕事のやり方で取り組まなくてはならなくなります。その時が少林寺拳法の「離」ということになるのでしょう。

「守」から「破」、そして「離」へとステップアップしていくためには、**「自分が今までに経験したことのない仕事、場へのチャレンジ」が必須**です。チャレンジなくして「離」に到達することはないと言えるのです。

②　異質なものを認め、取り入れて多様性へとつなげる

進化論を唱えたダーウィンは「この世に生き残る生き物は、最も

会社に必要とされていないのではないか？

と悩んでいる君へ

―― 中本 浩さん（34歳）の場合 ――

「コンコン……」

ノックの音が聞こえた時、私はちょうどスケジュールの確認を行っているところでした。私は毎週月曜日の朝、その週の予定を確認し、やらなければならないことの優先順位をつけていきます。そうすることで効率よく仕事に取り組むことができるのです。

「どうぞ！」

ドアに向かって声をかけると、顔を覗かせたのは社長の望月雄一さんでした。日夜多忙を極める社長が、わざわざ顧問室に顔を見せるのは珍しいことです。

「鈴木さん、ちょっといいですか？」

「おや。社長直々の訪問とは珍しいですね。どうしたんですか？」

「相談したいことがあって。今少し時間ありますか？」

「もちろん大丈夫ですよ。どうぞお掛けください」

社長にソファを勧め、私も向かいに腰を下ろしました。そして話の続きを促します。

「実は、ある部下のことでちょっと困っていまして……。その部下の話を聞いてやってもらえないかという相談なんです」

「ほう。その方が何か悩んでおられるということですね？」

「悩んでいるというか……。企画開発部の中本浩君です。まだ若手なのですが、私としては期待している大切な人材の一人です。ただ、独断専行というか、なまじ力があるだけに協調性がイマイチだと感じられる部分があるんです。これから今よりも重要なポストに就かせるなら、もう少し人との関わり方を学んで欲しいと思っていたんですよね。それで、企画開発部の中でも人当たりのいい人の下へと移動させたのですが、それがどうも気に入らなかったようで……。最近中本くんから『相談がある』というので時間を作ったところ『自分の何が悪いのか？』『自分はもう必要ない人材なのか？』と聞かれてしまって。まさかそんな風に感じるとは思っていなかったので困っているんです。このままでは辞めるとも言い出しかねません」

「なるほど。良かれと思って行ったことが、中本さん本人からしてみれば左遷のように感じられてしまったということですね？」

「う〜〜ん。確かに彼を異動させたのは、社内でも面倒見の良さがウリの上司のところです。私としてはそのエッセンスを感じて、身に付けてほしかったのですが、彼からすれば左遷のように感じられたのかもしれません。難しいですね」

「確かに難しいですね……。分かりました。明日の午前中ならここにいるので、中本さんに来るように伝えてください」

「ありがとうございます！　中本君は大切な人材なんです。くれぐれもよろしくお願いします」

望月社長は見るからにほっとした表情で、足取りも軽く部屋を出ていきました。彼は人を見る目は確かだと思いますし、言ったことは間違いではないでしょう。しかし、人と人の関わりというのはとても難しいもの。たとえ良かれと思ってやったことでも相手が同じように感じるかというと、必ずしもそうではないということも少なくありません。私も、客観的に見ればどうか分かりませんが、自分からすれば明らかに左遷だと感じられる処遇を受けたことが何度かあります。望月社長の話を聞いて、その時のことを思い出していました。

そもそも、私が30歳で海外の仕事を体験できたのも、元をたどれば左遷のようなものでした。会社という組織は、意外にそれぞれの人をよく観て、理解しているものです。当時の上司や人事部などから見れば、将来性を嘱望しての異動だったのかもしれません。しかし、その辞令を受け取った時の複雑な心境は今でも鮮明に覚えています。しかし、左遷だと感じたからこそ、そこで埋もれてしまうのではなく、何かを掴んで立ち上がりたいという、「なにくそ！」という思いが湧いたのも事実です。

もし、辞令を受け取った人が「左遷だ」と感じる場合、そのように奮起を促す、あるいは懲罰的な人事異動というのもあるでしょう。しかし、今回の中本さんのケースではそこまでの意味はなさそうです。どうして中本さんがその人事を「左遷だ」と感じているのかについて、じっくりと耳を傾けるところから始めた方が良さそうです。

翌日、中本さんは朝一番に顧問室を訪ねてくれました。

「失礼します。初めまして。中本です。今日はどうぞよろしくお願いいたします」

硬い表情で挨拶をすると、私の勧めに応じてソファに浅く腰をかけます。中本さんは望月社長から「顧問室へ行くように」という指示を受けてきたのですから、自主的に扉を叩いた人のように、簡単に心を開いてはくれないかもしれません。

「おはようございます。望月社長からだいたいのことは聞いています。ですからまずは、今回の異動について中本さんご自身がどう感じているのかについて伺わせてください」

「はい。私は現在、企画開発部で仕事をしています。もちろんこれまで失敗もありましたが、自分なりに結果を残せたと感じています。それでようやくこれからもっと大きな成果を残したいと考えていたところに、今回の人事です。もしかして、会社はもう自分のことを必要としていないのかもしれない、と感じました」

「なるほど。異動先では自分の思ったような仕事ができない、成果が残せないということですか？」

「そうですね。入社してから今まで、一貫してコンシューマー向けサービスの企画・開発に携わってきました。しかし、今度の異動先は同じ企画開発でもいわゆる「B to B」になります。もちろん、全く違うわけではありませんが、今まで蓄積してきたスキルやノウハウの中には役に立たなくなってしまうことも少なくありません。ですから、もしかして会社は私が持っているスキルやノウハウが必要ではないのかな、と……」

「そういうことですね。でも会社の人事というのは必ずしも今すぐなんらかの成果を求めるためだけのものではありません。むしろ、長い目で見た育成という側面も大きいと思います。望月社長はそのようにおっしゃっていませんでしたか？」

「確かに社長はそうおっしゃっていました。しかし、それにしても自分なりに成果を出してある程度納得したうえでの育成だと思うのです。私は今のところ大した結果も出せていません。新たな部署でもう一度仕事に慣れるところから再スタートしたら、結果を出すまでにまた時間がかかってしまいます。それはとてもムダだと思うのですが……」

「確かに、仕事で成果を出しながら同時に育成も行うのが効率的ですね。でも望月社長は私に、『中本さんは将来有望だ』とおっしゃっていましたよ。中本さんはご自分で考えるよりも大きな成果を残しているのではないですか？」

「本当ですか？　実は、前の部署はあまり干渉もされなくて居心地が良く、仕事がしやすい環境でした。ところが、異動先の部署はどうもみんなで一緒に作り上げるというか、和気藹々というか。ちょっと雰囲気が違い過ぎて馴染めないと感じているんです。そういう部分も、自分が必要とされていないと感じる部分なのです」

「なるほど。だいたい分かりました。要するに中本さんは、前の部署にいれば自分が納得できる成果を出せたにも関わらず異動させられてしまった。それによって、自分の仕事が評価されていないのではないかと感じてしまったわけですね」

「そういうことですね。もし自分がこの会社で必要とされていないなら、別のフィールドを探したいと思います。別にこの会社にしがみつく意味はありませんからね。ですから、会社がどう考えているのか、その真意を聞きたくて社長に時間を作ってもらったというわけです」

「それで、望月社長は何とおっしゃっていました？」

「私に期待しているからこそ、今までとは異なる仕事をしてほしい、といったようなことを言われました」

「それは恐らく、社長の本音だと思いますよ。望月社長は中本さんに期待しているからこそ、今まで経験のない仕事に就かせているのです。会社という組織においては、仕事をして成果を残すことも重要ですが、そのスキルやノウハウを後進へと伝える、組織をまとめるマネージャーも必須です。望月社長は中本さんに、そろそろマネージャーとしての役割を期待しているのではないですか？」

「本当ですか？　僕なんかまだまだ若造ですし、人をマネジメントするなんてムリですよ」

「もちろんいきなりやれというつもりはないでしょう。今まで経験したことのない仕事を経験するなど、さまざまな経験を重ねることで視野を広げ、人をマネジメントできる視点や能力を身に付けてほしいと考えているのだと思いますよ」

「そういうものですか？　なんか最近は以前のように仕事に対するモチベーションが保て

なくなりつつあるような気がします。会社員ですから、本来はどんな仕事でもやらなきゃいけないんでしょうけど……」

「そうですね。仕事の選り好みはできません。ですから当然、誰でも自分に向いていないような仕事だったり、裏方の仕事だったり、気が進まない仕事に回されたりすることはあるんですよ。もちろん私にもありました。私なんか明らかに左遷じゃないか、と感じたこともあります」

「本当ですか？　そんな時鈴木顧問はどうしたんですか？　辞めたいと思いませんでしたか？」

「確かに『今まで自分がやってきたことは何だったのか？』と考えて心は折れましたし、ノイローゼのような状態にもなりました。こんな会社辞めてやろうという思いも頭をよぎりました。だけど、会社が人を異動させるのには、何か意味があるのだろうと考えたんです」

「意味ですか？」

「そうです。人は誰でもそれぞれに与えられた役割があります。その役割のなかで『不本意でも今はこの仕事をすべき時期なのだ』と感じられるようになりました。『下手の考え休むに似たり』という諺があります。これは「囲碁や将棋で、下手な者がいくら長時間考え込んでも名案など浮かばず、まるで駒を手にしたまま何も考えずに休んでいるようなものだ」という意味で、「あれこれ考えて時間を無駄にする」という意味で使われます。中本さんは常に全力で仕事をして、それが自分の思うように評価されないと落ち着かない人なのでしょう。だけど、そうじゃない時期というのがきっとあるんです。そういう時は、状況を静かに受け入れるということも必要なんですよ」

「確かに、会社に入ってから常に全力で走ってきたように感じます。でも全力を出していないと不安じゃないですか？」

「確かに不安ですね。だけど、たとえ全力で仕事をしていても、会社は全体の整合性を考えると評価できないことはあります。その時に、「自分は全力で走っているのに」と不満に感じてしまってはダメだと思うのです。いったん評価を受け入れて、そこから『どうするか？』を考えるようにしてほしいと思います」

「思うような仕事ができない、思うように評価されないからといってすぐに会社を辞めるべきではないということですね。でも、将来きちんと評価されるのか、自分のやりたい仕事に戻れるのか、という不安は拭えません」

「そうですね。そんな時には、たとえば何か自分の好きなことをする、知識や教養を身につけるなど、仕事とは別のことをやってみるのはどうですか？　長期的に見れば、それらもきっと中本さんの力になってくれるはずですよ」

「なるほど。そうかもしれませんね」

「では、私が左遷だと感じたときの対処法などについて、後ほどメールを送ります。ぜひ読んでみてください」

「ありがとうございます」

中本さんが出ていった後、私は考えをまとめるためにパソコンに向かいました。私は海外赴任を言い渡された時以外にも、何度か左遷されたように感じたことがあります。たとえば、それまで本流の仕事をしていたにも関わらず、支流へと回されるといったことです。しかし、世の中とは不思議なもので、時の流れが本流を支流に、支流を本流に変えてしまうことも少なくありません。ですから大切なことは、焦ることなく落ち着いて時を待てるかどうか、ということなのだと思うのです。

そんなことを中本さんに送りたいと考えて、キーボードを叩き始めました。

前略

中本さん、顧問室へ来てくれてありがとう。「自分のやりたい、得意としている仕事をやらせてもらえないのは、必要とされていないからではないか」と感じるという中本さんの考えはとてもよく分かります。しかし、あの時も申し上げたとおり、会社には会社の都合があり、必ずしも中本さんが得意としている仕事ばかりをやらせるわけではありません。中本さんの場合は将来を期待して全く違う仕事に就かせるというプランだと思います。とはいえ、人によっては左遷というか、懲罰的な異動を受ける場合もあります。しかし、それもリカバリーできないというわけではないと思うのです。

では、私がかつて「左遷だな」と感じたときの対処法について書いていくことにしましょう。

私はかつて、大手自動車部品メーカーと教育関連会社に勤務していました。その中で、何度か「左遷されたな」と感じて落ち込んだ経験があります。上司との人間関係がうまくいかなかったり、会社の都合のローテーションだったりと、その原因はさまざまです。確かに、その時は大いに落ち込みます。

多少の差はあれ、誰でも「左遷された」と感じると、「自分は会社の中でどうなっていくのか」と答えの出ないことをクヨクヨと考えたり、「こんなのやってられない」と開き直ったり、あるいは「自分のどこが悪かったのか?」と反省したり、自分に失望したり、あるいは逆に上司を恨んだりすることもあるでしょう。これからの未来に対して不安を感じてしまいますし、怖くもなります。「もうこの会社でやっていけない」と感じたり、「自分の人生が終わった」と感じたりするかもしれません。しかし決してそうではないのです。

私も「左遷された」と感じた時には大いに落ち込みました。しかし、決して一人きりではありません。その時々に私を支えてくれる人が現れました。そして歯を食いしばって努力しているうちに、新たな展開へとつながることも少なくありませんでした。

今になって思えば、左遷という逆境は辛いけれどすごくいい経験ですし、自分の肥やしになっていると感じます。ただ一つ大切なのは、どのような環境に置かれても、決して腐ることなく真面目に過ごすこと。きちんと周りを見ながら、自分のやれること、役に立つことを見つけていくようにするといいでしょう。

「左遷された」と感じて落ち込んでいる時に、将来に対して不安を感じたり、焦ったりする気持ちはとてもよく分かります。しかし、急いで転職をするのは間違いだと思います。転職するにしても、同じ会社で仕事を続けるにしても、まずはその落ち込んでいる気分を治す必要があります。そのためにもゆったりと構え、転地療養のようなものだと考えるのがいいかもしれません。「なるようにしかならない」と達観して、少し休んでみる、生き方そのものをペースダウンしてみましょう。

左遷というのは本流から支流へ移されることですが、世の中は不思議なもので、時の流れが本流を支流に、支流を本流に変えてしまうことが少なくありません。その時は左遷でも、左遷された部署の仕事が10年後本流になるということはよくあるものなのです。

未来のことは誰にも分かりません。中本さんが今までやってきた仕事が将来的にもこの会社のコア事業であるかどうかは分かりません。もしかすると、異動先の仕事の方が主流になっているかもしれません。

ただし、そこで大切にしてほしいことが5つあります。それはまず**「自分のブレない軸（信念・哲学）をしっかり持つこと」**です。自分の信念を持つことで、どんな環境でも自分らしく仕事を続けることができます。そして**「真面目に考え、行動すること」**です。これはたとえ思い通りにならなかったとしても、腐ったり、不貞腐れたりしないということです。そして**「健康に留意すること」**です。何をするにも体力は大切です。時期を待っていざ動く時に体が弱っていては意味がありません。そして**「自らを反省する勇気を持つこと」**です。これはやはり、自分に不足はなかったか、と反省することが大切です。そして最後が**「感謝を忘れないこと」**です。仕事は一人でやるものではありません。たとえ思い通りにならない時でも、きっと誰かが支えてくれているはずです。そのことへの感謝を忘れないようにしてください。
これらを大切にしながら、与えられた環境のなかで精一杯努力してみてはいかがでしょう？
そうすることで見えてくること、感じられることもきっとたくさんあると思いますよ。

草々

メールを送ると、翌日に中本さんが再び顧問室を訪ねてくれました。

「メールありがとうございました。いただいたメールを何度も読み直して、確かにそういう時期なのかもしれない、と感じるようになりました。もう少し今の部署で、新しい仕事に取り組んでみたいと思います。本当にありがとうございました」

そう言って中本さんは自分のデスクへと戻っていきました。時の流れや技術革新に伴って、未来は刻々と変化を続けていきます。

新入社員の時に選んだ会社が花形産業だったとしても、何十年か経つと衰退してしまっていたという話は枚挙に暇がありません。そして逆に、誰も注目していなかった産業が20年、30年経つと花形になっていることも少なくないのです。

ぜひ中本さんには「受け入れる」ということの大切さを学んでいただきたいと思います。いったんは「流れに任せる」「抵抗しない」「焦らない」という姿勢がとんでもない成功に結びつくことがあるのですから。

そして、この**「自分の好きなこと」「自分の得意なこと」で、自分以外の人々に貢献することを目指す**ことが大切ではないでしょうか？　これが実現できれば、自分も幸福ですし、社会の役にも立ちます。そしてこれこそが「自分はこの分野で人々の役に立つことができている」という自信につながります。このように、**自分の生き方・仕事へのアプローチの方法などについて自分なりの軸（信念・哲学）をしっかりと持つ**ようにしたいものです。ただし、自分勝手な軸を立ててしまわないよう、深い学びに努めましょう。

②「自分らしく、真面目に考え、一生懸命に努力」する

私たちは誰でも、仕事や人生を通じて何らかの結果を残したいと考えます。もちろん、目指す成果は人それぞれですが。そんななかで「会社に必要とされていないのではないか？」と感じてしまったとしたら、それはとても辛いことです。

しかし、私は仕事や人生を通じて誰でも成果を残すことができると思っています。ただし、そのためには「自分らしく、真面目に考え、一生懸命に努力」する必要があります。

「自分らしく、真面目に考え、一生懸命に努力」というものを説明するのは難しいのですが、**「自分がこの世に生まれた役割を考え、それを全うするために与えられた命を大切に、一つひとつを判断する」**ということです。そのためには、まずは自分のことを愛し、大切にしなければなりません。そして、人間は一人では生きられないということを理解しつつ、自分がこの世に生まれた役割を考え、それを全うするための努力を続けること。自分で自分を安易に評価して決め付ける前に、目の前の選択肢の中から真面目に選んで一生懸命に努力し続けるようにしてください。そうすることで、周りの人が力を貸してくれたり、ヒントを与えてくれたりすることも少なくありません。

顧問からのワンポイントアドバイス

「会社に必要とされていないのではないか？」と悩む君へ

①　自分なりの軸（信念・哲学）をしっかりと持つ

人は何のために生まれ、何のために生きているのかということについて考えたことがありますか？　私は、人は皆自分の幸福を実現するために生きているのだと思っています。幸福といっても人それぞれですが、やはり自分らしく、自分以外の人々に貢献することが幸福につながるのではないかと考えます。

大切なのは、**「自分らしく生きる」**ということです。自分が楽しいと感じること、得意だと感じることをやることが大切です。なぜなら、不得意な部分を修正しながら生きるよりも、得意なことを伸ばした方が楽しく生きられるからです。ただし、そのためには自分を分析しなければなりません。自分で得意だと感じていることが、客観的に見ればそれほどでもないかもしれませんし、まだ経験していない得意なことがあるかもしれません。アンテナを高く張り巡らして、見える情報・見えざる情報を集めて、自分の強みを見付け、伸ばすように心がけましょう。

「摂理に基づく軸を立てる」

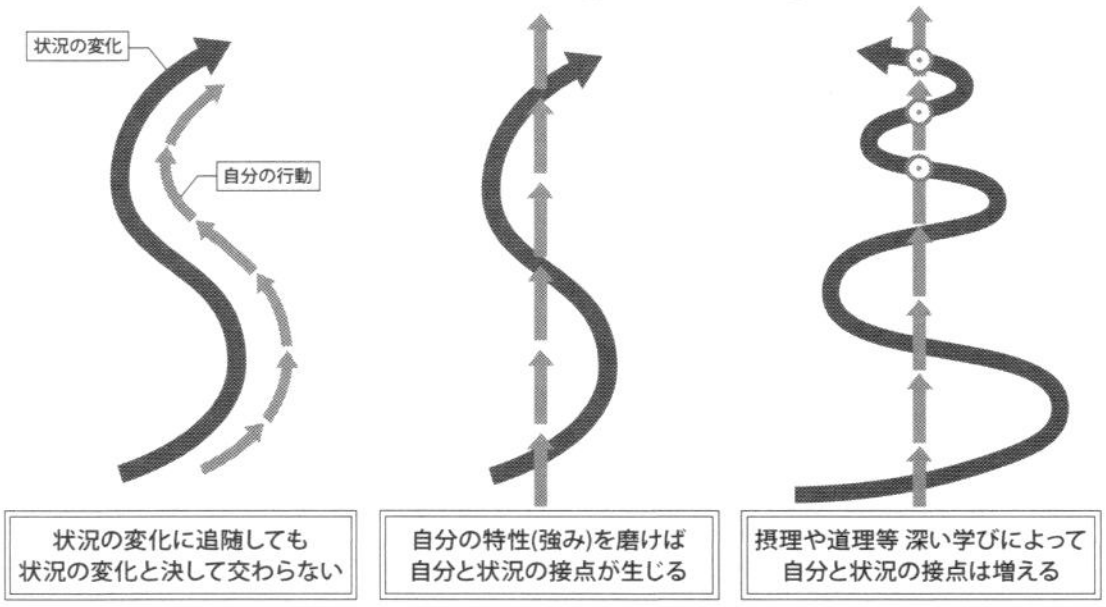

常に変化を続ける状況に自分を合わせようとしても交わることはありませんが、「自分らしさ」や「軸」を持つことで状況の変化と交わる部分が出てきます。
そして学びを深め、摂理に基づく軸（基軸）を立てられるよう努力しましょう。

同期と比べて出世が遅れてしまった！

と悩んでいる君へ

――岩田秀樹さん（39歳）の場合――

「鈴木さん、私は同期と比べてかなり出世が遅れてしまいました。そんな時はやはり転職するしか方法はないのでしょうかね？」

その日、私はある自動車関連の素材などを手がけているメーカーが主催する講演会に講師として招かれていました。集まったのはその素材メーカーにとってお得意様である会社のマネージャーたち。講演会のテーマは「お客様の価値創造をＰＵＬＬするマネジメントのあり方」というもので、私がこれまでに経験してきたことなどをベースに、業界において価値創造に資するマネジメントの要点などについて話をさせていただいたのです。

講演の最後には会場に集まった人たちからの質問にも答え、盛況のうちに終了しました。そんな講演終了後の懇親会において、私の隣に来たのが、私が以前勤務したメーカーの事業企画部の岩田秀樹さんです。彼とは以前面識もあり、私がそのメーカーの内実もよく分かっているという安心感もあって、岩田さんから冒頭のような「同期と比べて出世が遅れてしまった」という悩みを聞かされたのです。

「ほお。岩田さんはどうしてご自身の出世が遅れていると感じられるのでしょうか？」

「私は今、事業企画部で原価企画をやっています。現在の仕事は自分が望んだ仕事ですし、やりがいも感じています。しかし、同期の中には既に課長になった者も少なくありません」

「なるほど。他の人が部下を持つ役職に就いているのに自分はまだだということで焦りを感じられているのかもしれませんね」

「はい。だけどただ焦っているというだけではないんです。会社という組織では、やはりほとんどの人が上を目指します。同期はみんな仲間でありライバルでもありますから、やはり負けたくないと考えてしまいます。しかし同時に、今の仕事にはとてもやりがいを感じています。ですから、このまま仕事にやりがいを求めるべきか、それとも上の役職を目指すべきなのか悩んでしまうのです」

「なるほど。そういうことですね。私自身も、かつて岩田さんの会社にいた時には、同期に負けたくないと考えていました。その結果、同期よりも早く出世したと思います。だけど、最終的にはその会社で役員になることなく、転職することにしました」

「それは…何かを諦めたということですか?」

「諦めたということではなく、その会社を離れることが理に適っていたということでしょうかね。なるようになった結果というべきかもしれません」

「ずっと上に立つことを目指してきて、そんなふうに達観できるものですか?」

「すぐには難しいかもしれません。確かに『同期に負けたくない』という思いで仕事に取り組むことはとても大切なことです。しかし、今となっては、そんなに焦らなくてもいいのではないかとも感じるのです」

「なるほど。そんなもんですかね……」

「岩田さん。私は今、顧問をしている会社で社員たちのさまざまな相談に乗ることを仕事の一つにしています。それで、日々さまざまな方が相談に来られるわけですが、基本的にはメールでお返事するようにしているんです。きっとその方が納得できるというか、腑に落ちるだろうと思うからです」

「なるほど。そうかもしれませんね」

「はい。ですから岩田さんのお悩みにも、人生の先輩のような者としてお答えしたいと思います。明日にでもメールを差し上げますのでご確認ください」

「えっ！　いいんですか？ありがとうございます！」

そう言うと、岩田さんは私の隣を離れ、出席した各社のマネージャーたちの輪の中に入っていきました。その輪の中には岩田さんの会社の人たちもいるのでしょう。岩田さんは楽しそうに談笑しています。そんな岩田さんの姿を見ながら、私自身も出世についていろいろと悩んだ時期があったことを思い出していました。

前略

岩田様。先日は私の講演を聞いていただいてありがとうございます。私の話を聞いて、岩田さんが感じていた悩みを吐き出す気持ちなれたのだとしたら、やはり講演という場で話をしてよかったな、と思います。

さて、岩田さんは同期と比較して出世が遅れていると感じることに悩んでいらっしゃいます。そこで、私が出世についてどのように考えているかについてお話をしたいと思います。

私は大学を卒業してすぐに岩田さんと同じ会社に就職し、27年間働きました。もちろん、いい時期もあれば、うまくいかない時期だってありました。それでも概ね、同期よりも早い昇格・昇進をしたと思います。しかし、最終的にその会社で役員になることはなく、転職しました。結果だけを見れば、出世が早かろうが遅かろうが、最後までその会社に残らなければあまり意味はありません。ですから、今となれば、出世のスピードだけを同期と比べることに意味があるのだろうか、と感じます。

もちろん、同期に負けたくない気持ちはよく分かります。しかし、所属した部署などの環境によって昇格や昇進のスピードは変わります。たとえ会社組織の中にいるからといって、必ずしも上を目指すことだけが全てではないのかもしれません。その地位に就く実力が自分にあるかどうか、きちんと見極めることが大切なのです。

そんなことを感じたのは、私は岩田さんと同じ会社で、数年間だけでしたが「秘書部」に在籍したことがあるからです。秘書部というのは、役員の秘書業務を行う部署です。当時、50人を超す役員がいました。何人もの秘書が分担してスケジュールの管理や慶弔対応など、公私にわたってさまざまなサポートを行います。そうやって雑務やストレスを減らすことで、役員の方々がより仕事に集中できる環境を作るのです。私たちの仕事は雑務ですが、私たちが雑務を一手に引き受けることによって、役員の皆さんの仕事のレベルが上がるのだと感じられる仕事でした。

特に大企業などでは役員になれば誰もが認める成功者です。しかし、秘書部の業務を通じて一人ひとりの役員を内側から見ていると、一言で役員といっても二種類あることが分かってきました。一つは、役員になるべくしてなった、実力のある人物。そしてもう一つは、派閥の論理や幸運などで、実力が伴わないまま役員になった人物です。

実力のある人は、役員に抜擢されると生き生きと仕事をするようになります。まさに水を得た魚のようで、内側から見ていても役員というステイタスが相応しいと感じます。一方、ちょっとした幸運や派閥の論理などによって、実力が伴わないまま役員になってしまった人は苦しそうだと感じてしまうのです。

もちろん「地位が人を作る」ということもありますから、役員に抜擢されてからその地位に相応しい人物となり、仕事をすればいいのです。そのように、地位に合わせて成長する人も少なくありません。逆に、実力があって役員に抜擢されたにも関わらず、体調不良やちょっとした不運などが重なってその実力を発揮できない人もいます。私が感じた、この「役員に相応しい人」というのは固定的なものではありません。しかし、どうしても記憶に残るのは、「実力が伴わないまま役員になってしまって苦しそうに仕事をしている人」の姿なのです。

会社の中で仕事をする以上、ほとんどの人は出世したいと望むものです。もし仮に、同期の誰かが自分の上司になる、なんてことを想像したらぞっとしますよね。しかし、焦って昇格や昇進をしたとしても、その地位の人物に求められる実力が伴っていなければ不幸になります。つまり、同期と比べて出世が遅いかどうかというよりも、自分にその役職に就く実力があるかどうかを考えることの方が大切なのだと私は思います。

秘書部の業務を通して、役員に就くということはとても大変な仕事であり、重責であると感じました。トラブルが起こればすぐに現地へ飛び、常日頃から得意先をもてなし、担当している部門の目標を達成しなければなりません。判断力、リーダーシップ、協調性、人間力、営業力、体力など、あらゆる力に秀でていなければなりません。そして時に医師となり、哲学者となり、組織を率いていくのです。

人との比較にとらわれるのではなく、自分に課長としての、部長としての、役員としての実力があるかを客観的に評価するようにしましょう。その上で、自分の実力以下の仕事しか与えられないと感じるのであれば迷わず転職すべきです。「実力があるのに上司に押さえつけられる」「理由はよく分からないけど嫌われてしまった」ということは決してないわけではありません。

生きていればさまざまな事が起こります。幸運もあれば不運もあるでしょう。人智を超えた大きな力によって導かれていると感じることも少なくありません。昇格や昇進に関しても、最終的に昇格や昇進が早い方が良かったのか、遅い方が良かったのかというのは、最後にならなければ分かりません。

ですから、今、岩田さんがやるべきことは、**実力をつけるための努力を倦まず弛まず続けること**です。人生は晴天の時ばかりではありません。時に嵐が吹いたり、雨が降ったり、砂漠みたいな所に連れていかれたりすることもあるでしょう。その一つひとつの出来事について、自分にとってどういう意味があるのか一生懸命考えてください。きっと何か意味を感じられるはずです。

草々

岩田さんへのメールを書いている間に、私自身が「出世したい」と考えていた頃のことをいろいろと思い出していました。私が秘書部に在籍していた期間はほんの数年間ですが、その間にとても多くのことを感じ、学び、身に付けました。

まず何と言っても秘書は「気を遣う」のが仕事です。サポートする対象である役員の影となり、自分を主張することなく、何でもかんでも記憶して気を回す。それこそが良い秘書です。しかし、当時の私は何とか自分という実体を作ろうと努力を重ねていた時期です。ですから、秘書として誰かの影になることに何の意味があるのだろうと感じていたことをよく覚えています。

ところが後々、秘書の業務を通じて身に付けた「気を遣う」ことが、とても役に立ちました。そしてもう一つ、出世の本質のようなものも理解できたような気がします。

当時の私は漠然と「偉くなりたい」と思っていましたが、「偉くなる」というのが具体的にどういうことかはよく分かっていませんでした。そんな時に、間近で役員と接することができたのはとても勉強になりました。この頃、役員たちからそれぞれのイズムを教えられましたし、役員以外にも、創業時のトップの遺族や親族とお会いした時などに、創業時の想いやご苦労を知ることもできました。要するに、一見ムダだと感じてしまうような仕事でも、ムダなことはないということなのだと私は思っています。

そんなメールを送った翌日、岩田さんから返信のメールをいただきました。

拝啓

鈴木様。とても丁寧なメールをありがとうございます。いただいたメールを何度も何度も読み返しました。

確かに私は、「同期と比べて自分がどの位置にいるか」ということばかり気にしていて、「自分にその役職に相応しい実力が備わっているかどうか」ということは全く考えていませんでした。自分の視野の狭さにうんざりすると同時に、私が相談した内容から私の状況を全て見通した鈴木さんの慧眼に驚かされました。おかげさまで、私の中の焦りがすっと収まっていくのが感じられました。本当にありがとうございました。

さて、いただいたメールの最後で、最も大切なことは「実力を養うこと」と書いていただいています。しかし、これが意外と難しいと思うのです。力というのは相手が判断するものですから、相手の評価を高めるために具体的に何をやればいいのかというのがよく分かりません。

ご多用中のところ何度も恐縮ですが、そのあたりについても示唆をいただければ幸いです。何卒よろしくお願い申し上げます。

敬具

分からないことについて、率直に教えを請いたいという岩田さんのメールにはとても好感が持てました。そこで、再びパソコンに向かってメールを作成することにしました。

前略

岩田様。メールを拝読しました。前に送ったメールはかなり読み込んでいただいたみたいですね。ありがとうございます。そこで、「実力を養う」ということについて、私が考えていることを記したいと思います。

確かに、仕事の能力について評価するのはほとんどの場合上司でしょう。そうなると、何が評価されていて、何が評価されないのかという基準が重要だと感じてしまうかもしれません。しかし、そこにとらわれ過ぎてしまうと、結局同僚の昇格や昇進のスピードと自分を比較してしまうのと同じことになってしまいます。

ですから、上司などによる評価やその基準を気にしつつ、会社という枠組みを超えて「役に立つ力」をこそ気にするべきだと考えます。それこそが、私が考える「実力を養う」ということです。

それは言い換えれば、**一人ひとり異なる「強み」を強化する**ということでもあります。自分の強みというのは誰かに聞いて教えてもらえるものではありませんし、人と比較することにも意味はありません。

岩田さんも、自分の強みを自分自身できちんと認識し、それを研ぎ澄ましていただきたいと思います。周りの人々はそれをきちんと見ています。そして、時期が来たら引き立ててくれることでしょう。岩田さんのさらなるご活躍を楽しみにしています。頑張ってください。

草々

ずっと会社の中にいるとなかなか接することができないような人と出会えるのも、私が講演会を行う理由の一つと言えます。この本を読んでいる皆さんも、もし講演会などで私を見かけたら、ぜひ質問しに来てください。お待ちしています。

れば、根として養分を集める土台となる人もいるでしょう。根は花になることはできませんし、その逆もまた然り。ですから、会社という組織の中で働いても、全員が出世を目指す必要はありません。人間もそれぞれの特性・役割の中で幸福を求めれば良いのではないでしょうか。むしろ、人とは異なる自分の「強み」を活かしながら、自分にしかできないことを成し遂げていくべきではないかと思います。人間こそが「価値創造の主体」であり、新たな価値を創造できるのですから。

② 刹那を真面目に生きることで「未来」が変わる

仏教では「刹那を生きなさい」と教えられます。「刹那」とは仏教における時間の概念のひとつで、最も短い時間のこと。瞬間とも言い換えられます。「刹那を生きる」とは、瞬間を大切に生きるということ。人生とは、今この瞬間を精一杯に生きることの集大成であり、それ以上でも以下でもないというわけです。

そんな刹那を生きる中で、私たちは常に選択を迫られます。そして、その選択が時間の経過とともに過去を作り、同時に未来の布石となります。つまり、未来を創るのは現在の自分自身だということです。変えようのない過去を悔やんだところで未来へとつなげることはできません。未来とは、「変えることのできない過去の延長線上にあるもの」ではなく、「選択できる現在の延長線上にあるもの」なのです。

未来を、自分の求める「あるべき姿」へと近づけるためには、選択できる現在を変えることが大切です。過去の積み重ねの上に現在がありますが、過去を再定義しながら現在を選び、生きることができます。大切なのは、なるべく後から後悔することのないように、**「現在を真面目に選び、生きる」**ということ。今この瞬間、刹那にベストを尽くすことでしか、自分の求める未来へと近づくことはできないのです。

顧問からのワンポイントアドバイス

「同期と比べて出世が遅れてしまった！」と悩む君へ

① 一人ひとり異なる強みを活かし、自分にしかできないことを成し遂げる

会社という組織で働く人の多くは、「出世したい」あるいは「偉くなりたい」と考えるものだと思います。当然のことながら同期に負けたくないという思いもありますが、自分の持てる力を存分に発揮したいという思いもあります。私も同期の仲間たちと競い合いながら、日々目の前の仕事に取り組んできました。

日本の会社の多くは、新卒で採用した人材を競い合わせながら育てていきます。例えば、トヨタでは「モノづくりは人づくり」と考え、事業活動において「人づくり」は最も重要なこととされています。このような会社の思いや期待に応えるために、あるいはより大きな仕事を遂行するために、私たちは出世を目指すのかもしれません。「人を育てることで会社の力を高める」のは日本独自の視点であり、グローバル化が進むなかで日本企業の強みや可能性につながるものだと感じます。

一方、**人にはそれぞれの特性があり、役割がある**と感じます。例えば人間の世界を植物に例えると、美しい花として咲き誇る人もい

「絶対的価値の追求を意識する」

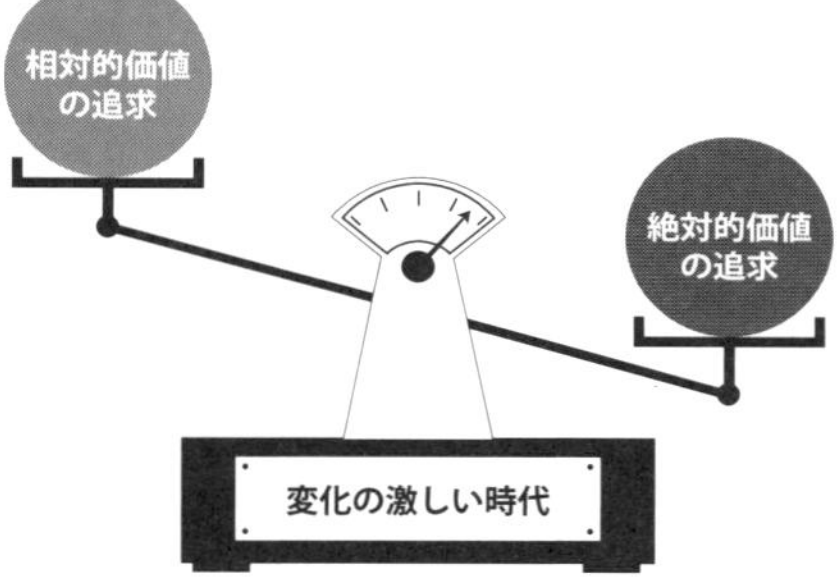

変化の激しい時代だからこそ、「出世」など、誰かとの比較に基づく「相対的価値」ではなく、変化に影響されにくい「絶対的価値」を追求しましょう。

できれば仲間をリストラしたくない！

と悩んでいる君へ

林 陽平さん（43歳）の場合

ある日、外出先から自分の顧問室へと戻るためにエレベーターに乗り込むと、先客がいました。それは、人事部の林陽平さんです。日頃から明るくて元気な林さんにしては珍しく、深刻な表情で階数表示を睨みつけています。なんとなく気になった私は、他に人がいなかったので彼に話しかけてみました。

「こんにちは。そんな厳しい顔をして、どうしたんですか？」

すると、林さんは一瞬「ハッ！」とした表情を浮かべると、すぐにいつものような笑顔に戻っていました。

「鈴木顧問じゃないですか。お疲れさまです。今お戻りですか？」

「はい。今日は講演会の打ち合わせで出かけていました。それより林さん、なんだか随分深刻な表情をされていましたが、どうかしましたか？」

「あぁ…。見られちゃいましたか…。ちょっと悩んでいることがあって…。そうだ。後で顧問室へお邪魔してもいいですか？」

「もちろんです。いつでもどうぞ」

そんな会話を交わすうちに、林さんの目的の階に到着。エレベーターの扉が開くと、林さんは元気にフロアへと出ていきました。そんな林さんが抱えている悩みについて、私はある程度想像ができていました。それは、リストラです。

人事部の林さんは、社員を採用することもありますが、同時に社員の異動や解雇といった、あまり伝えたくないことも伝えなくてはなりません。会社の方針で撤退が決定した事業部などでは、そこで働く社員の異動先を考えつつ、行き場のない社員には会社としての厳しい判断を伝えなくてはならないこともあるのです。

この会社では、ある事業からの撤退が決定しました。ですから、林さんはそこで働いている社員たちの行き先について頭を悩ませているに違いないのです。

「コンコン…」

顧問室の扉がノックされたのは、それからしばらく経ってからのことでした。「どうぞ!」と声をかけると、案の定扉を開いたのは林さんでした。

「失礼します」

硬い表情を浮かべた林さんに座るように勧め、私もその向かいに座りました。

「先ほどはお声掛けいただきましてありがとうございました。ちょっと悩んでいることがありまして…」

「なんでも言ってください。ここでご相談いただいた内容が外へ出ることはありませんよ」

「はい。鈴木顧問も当然ご存知だと思いますが、例の事業からの撤退が決定しました。それは、これ以上その事業を継続したとしても業績が回復する見込みがないと経営陣が判断したということですから私に口を挟む余地はありません。しかし、その撤退に伴ってかなり大きな規模のリストラが必要になります。社内の別の部署で働くことができる社員もいますが、それはごく一部に限られます。私たち人事部でもいろいろと考えたのですが、やはり国内外で大規模なリストラは避けられないだろうという結論になりました」

「そうですね。今回の事業撤退は社内外に大きな影響があるでしょうね」

「仕方のないこととはいえ、やはりリストラをする立場というのはけっこう堪えます。これほどのリストラというのは、これまでこの会社にはありませんでしたからね」

「そうでしょうね。林さんたちのご苦労は並々ならぬものがあると思います。でも、林さんの仕事は会社のためというだけではなく、この事業以外に関わる社員の皆さんのためでもあります。心を鬼にして臨んでいただきたいと思いますね」

「やはりそうですよね。何か、だんだん自分が悪いことをしているような気持ちになってくるんです。自分のやっていることが正しいのだ、という確信が持てないというか…」

「そうかもしれませんね。私もかつて大手自動車部品メーカーに在籍していた時に、リストラ担当になったことがあります。その時のことを思い出しながら、何か林さんへお伝えできることを考えてみます」

「ありがとうございます。よろしくお願いいたします」

そう言って部屋を出ていった林さんを見送りながら、私自身が経験したリストラの時の苦しさを思い出していました。その時のリストラは、海外の生産拠点からの撤退も含めた大掛かりなものでしたから、1年では終わりませんでした。その間、私は多くの人たちから非難されました。そして、私自身も「なぜこんな苦しいことを自分がやらなければならないのか」「自分が始めた事業でもないことの後始末を、苦しい思いをしてまで私が行う意味があるのか」といったことを考え、悩み続けました。その時のことを思い出しながら、私はパソコンを立ち上げました。

前略

林さん。先ほどは突然声をかけてしまってすみません。林さんがいつになく深刻な顔をしていたので、思わず声をかけてしまいました。でもそのおかげで、林さんが顧問室を訪れるきっかけになったのなら嬉しく思います。

さて、今回の事業撤退に関するリストラで苦しんでいらっしゃるとのこと。私もかつて同じような大リストラを断行したことがありますから、林さんの心中、察するに余りあるところです。そこで、このメールではその経験から私が考えたこと、学んだことなどについて書いていきたいと思います。参考になるかどうかは分かりませんが、読んでいただけたら幸いです。

当時、私は経営企画部という経営の中枢に近い部署で働いていました。そして、経営陣が撤退を決めた事業部の部長として落下傘部隊のように降り立ち、大リストラを断行することになったのです。リストラを行うために部長に抜擢されたわけですから、当然のことながら私がスタートさせた事業ではありません。しかも、国内だけでなく海外での生産販売からも完全に撤退するという内容でした。そのため、私は海外拠点で仕事をしていた時の外国人の仲間や友人たちを、大勢レイオフしなくてはならなくなったのです。

かなり大規模な事業撤退でしたから、1年では終わりませんでした。数年かけて事業の後始末をしたわけですが、その間に当然悩みました。「この仕事は私にとって何の意味があるのか」「なぜ私がこんな目に遭わなければならないのか」といったことです。仕事だからという理由でムリに自分を納得させて、日々社員たちに説明し、撤退を実現していきました。

その中で私はこのリストラも含めた全ての出来事は偶然でなく必然であると考えるようになりました。私に「リストラせよ」という命令が下ったのは決して偶然ではなく、私が会社で果たすべき役割の一つなのだと考えるようになったのです。同時に、自分の人生における大きな役割の一つではないかと考えるようになりました。

「偶然自分がやることになった」と考えると、どうしても逃げ出したくなります。しかし、「必然だ」あるいは「自分の使命・役割なんだ」と考えることによって、一歩前へ出ることができました。目の前の仕事に対して、真面目に一つずつやること、人間として恥じない行動をとろうという覚悟を決めることができたのです。

林さんも、リストラを行うという辛い役割を、偶然だと考えて逃げないようにしてください。それを必然だととらえて真正面から取り組むことで、きっと何か得るものがあると思います。

草々

このメールを送ったところ、翌日に林さんが再び顧問室を訪れました。

「鈴木顧問。メール拝見しました。ありがとうございます」

「いえいえ。私が経験したこと、その時に感じたことや考えたこと、そしてその後の自分自身のことについて正直に書いただけですよ」

「何度も読み返して、やはり同じようなことで悩まれたのだと感じました。私はその事業からの撤退を撤回できないものかと、私なりに模索したこともあります。鈴木さんはそのようなことは考えませんでしたか？」

「もちろん考えました。当時の上司と一緒になって、何とかその事業を延命させる方法はないかと考えました。リストラの対象となっている人たちからも、『なぜ撤退しなければならないのだ』と詰め寄られましたしね。だけど、経営陣が『撤退する』と決めたことをひっくり返すことはできません。それは私たちがやるべきことではないのです」

「確かにそうなんですよね。だけどどこかで一発逆転できないものかと考えてしまうんですよ」

「林さんが考えるべきことは、撤退するという決定をひっくり返すことではないと思います。私も、撤退ではない方策を考えました。たとえば、「どこか別の企業と協業はできないか」とか「事業移管はないか」などについても考えたのです。しかし、どれも不可能でした。

ですから、技術者一人ひとりが生き残る方法について考え、その中で最善を尽くしたのです」

「そうですよね。私もリストラ対象となっている一人ひとりとよく話し合って、彼らのスキルを最大限活かせる道を考えてあげることが大切なんですよね」

「そう思います。林さんには、今回のリストラを一つの使命だと思って、逃げることなく真正面から取り組んでいただきたいですね。苦しいし辛い仕事です。批判の矢面にも立たされることでしょう。その結果、林さんが会社に対してどんな感情を抱くことになるかは分かりません。だけど、決して林さん自身にとって損なことばかりではないはずです。きっと次に活かせる経験になると思いますよ」

「分かりました。頑張ってみます」

前略
林さん。顧問室を訪問してくれてありがとう。いろいろと話をすることができて良かったです。あの時に話せなかったことを、メールで送ります。

私がリストラ担当で苦しかったとき、それに立ち向かう勇気を与えてくれた言葉があります。それは、「タフでなければ生きて行けない。優しくなれなければ生きている資格がない」という言葉です。

これは、ハードボイルド小説の生みの親として知られるレイモンド・チャンドラーが、作品の主人公であり、アメリカで私立探偵の代名詞とも言われるフィリップ・マーロウに語らせた言葉です。フィリップ・マーロウは、自分にさまざまなルールを課して厳しく律する私立探偵です。そんな彼が物語のヒロインから「あなたのように強い人が、どうしてそんなに優しくなれるの？」と問われます。その問いに対する答えが、冒頭の「タフでなければ生きて行けない。優しくなれなければ生きている資格がない」というセリフなのです。

これは、いわば危険な仕事に臨む私立探偵が、自分の仕事に対する覚悟について述べた言葉であると言えます。ですから、私もこの言葉を呪文のように自分自身に言い聞かせて、なんとか毎日を乗り切ったのです。

もちろん、この辛い仕事をやり切れば、会社に認められるのではないかという思いがあったことは確かです。しかし結果的に、この仕事をやり切ったことによって私は転職を決意しました。そしてそのおかげで、現在の私があるのです。

林さんも、今回の仕事をやり切れば、きっと何か得られるはずです。そして、林さん自身のさらなる成長へとつながることでしょう。ですから逃げることなく、立ち向かってください。

草々

私は、自分が関わったリストラについて、自分自身も納得した上で真正面から取り組んだという自負があります。とはいえ、当時の日本について言えば、まだまだ転職しやすい環境というわけではありませんでした。ですから、国内事業に関しては一人ひとりの社員をバラバラにするのではなく、新たに事業を創設してそこで技術者なども丸ごと引き取るようにしました。これができたことは、今でも誇りに思っています。

リストラに限らず、辛い仕事は世の中にたくさんあります。そのような仕事に関わるときには、決して逃げないことが大切です。自分がやらなければならない使命の一つとして受け入れ、**至誠を尽くす**ことが重要なのです。

歴史上有名な故事の一つに、「金ヶ崎の退き口」というものがあります。これは、織田信長の最大のピンチとも言える出来事で、1570年に朝倉家の追撃に遭った信長が撤退を選んだ時のことです。この時羽柴秀吉が撤退するときの最後尾を務めました。

撤退という方針はトップである信長が決めました。しかし、撤退というのは大きなリスクを伴います。そのため、部下はその方針の下で損害を最小限に食い止める必要があるのです。殿（しんがり）とはその「被害を最小限に食い止めるための仕事」ですから、重責であることが予測できます。秀吉はそのリスクを負って、主人を守るために働きました。

良いか悪いかは別にして、この秀吉の心意気がとても大切なのだと、私は思います。親分である経営者が撤退と決めたなら、部下はその撤退に伴う犠牲を最小限に食い止めると腹を決め、目の前の仕事を一つひとつ実行する。自分のことだけを考えるのではなく、全体の流れを受け入れた上で、自分の役割に徹すること。それによって見えてくる世界や拓ける可能性があると思うのです。

この時重要なテーマは**「与えられた環境と改善の対象を峻別し、改善の対象に全力投球すること」**です。辛いのは自分だけではありません。多くの人が辛い思いを胸に仕事をし、生きているのです。特別な「役割」とは、それを実行できる人にこそ与えられるものなのでしょうから。

きない仕事だと、私は思っています。

とはいえ、目の前にある仕事を全て「改善」する必要はありません。まずはそれが本当に「改善の対象」なのかを見極める必要があります。

「神よ 願わくばわたしに、変えることのできない物事を受け入れる落ち着きと、変えることのできる物事を変える勇気と、その違いを常に見分ける知恵とをさずけたまえ」

これは、アメリカの神学者ラインホルド・ニーバーによる有名な「ニーバーの祈り」あるいは「平和の祈り」と呼ばれる言葉です。私は、この「忍耐と勇気と知恵がほしい」という切実な願いに心を打たれました。私たちがやるべきことは「変えることのできない物事を受け入れ」て、「変えることのできる物事を変える」ことなのです。

この**「変えることのできない物事」**が**「与えられた環境」であり、「変えることのできる物事」**が**「改善の対象」**です。例えば「自分と合わない上司」を変えようとしても、その結果は労多くして功少ないというのは明らかです。それらはむしろ「与えられた環境」と受け止め、自分自身の改善に取り組んだ方がはるかに現実的で効果的なのです。

顧問からのワンポイントアドバイス

「できれば仲間をリストラしたくない！」と悩む君へ

①　お客様目線で考え、行動すれば、やるべきことが見えてくる

経営者の仕事はオーケストラにおける指揮者の仕事に例えられます。オーケストラによるコンサートでは、その楽団に属する演奏者たちがそれぞれ異なる楽器の音を奏でて1つの楽曲を作り上げます。指揮者の仕事は自分で楽器を演奏することではなく、演奏者たちにより良い演奏をしてもらい、それぞれの音を調和させて聴衆に提供することです。

これを会社経営に置き換えてみると、オーケストラが会社で演奏者たちが従業員、そして指揮者が経営者で、お客様である聴衆から得られる入場料が売上となるわけです。指揮者が演奏者たちの音を調和させてお客様が満足する音楽を奏でられなければ入場料を得ることはできません。つまり、利益を得ることができないというわけです。

演奏する地域はもちろん、曲目や聴衆も毎回変わります。そんななかで最大の利益を得るために大切なのは、**常にお客様視点で最適な演奏を行う**こと。そのためには、曲目を厳選して、演奏者を増やしたり減らしたりする必要もあるかもしれません。

②　目の前の問題が「改善の対象」か「与えられた環境」かを見極める

トヨタやデンソーでは仕事には２種類あると考えます。**ひとつが日常業務を滞りなく行うための「作業（オペレーション）」であり、もうひとつが「改善」**です。昨今の人工知能の進化にともなって、人間の仕事の一部、いわゆる「作業」の多くはコンピュータに取って代わられると考えられています。しかし、「改善」は人間にしかで

ヘッドハンティングされて転職すべきか？

と悩んでいる君へ

――植村武弘さん（36歳）の場合――

慌しい日常の中では、なかなか接することのできない風を感じ、空気の香りを楽しみながら、ただひたすらに次の寺を目指す。頭の中に去来するさまざまなものごとについて、考えるともなく考えながら歩き続ける。

私はかつて、お遍路をしたことがあります。叶えたい願いがあったというわけではなく、自分の心を整理するために歩きました。同時期に、般若心経も覚えました。

それは、私が50歳を迎える少し前の頃。撤退を決めた事業の後始末のために、大勢の仲間たちをリストラした後のことでした。この仕事を通じて、私は大学卒業以来ずっと続けてきた仕事への情熱を失ってしまったのです。

情熱を感じられないまま仕事を続けるのは、とても難しいことです。しかし、当時は今ほど転職が前向きに捉えられていない時代でした。ステップアップなど前向きな意味で転職をする人はまだまだ少なく、多くは退職を余儀なくされて次の仕事を探すのでした。私も「仕事を辞めたい」と思いながらも、「辞める」とまでは決心できませんでした。そんな迷いに決着を着けるために、お遍路をしたのです。

そんな私のもの思いをノックの音が打ち破りました。反射的に「どうぞ」と答えると、扉を開けて入ってきたのは植村武弘さん。数年前までは若手ながらシステム部の責任者を務め、現在は経営企画本部に在籍しているはずです。斬新かつ独創的な攻めのアイデアが高く評価されています。

「鈴木さん、少し相談したいことがあるのですが、今大丈夫ですか？」

「ええ。大丈夫ですよ。どうしました？」

「はい。まだ誰にも言ってないことなのでくれぐれも内密にお願いしたいのですが、実は先日、同業他社の社長から『ウチで仕事をしませんか？』というお誘いをいただいたんです」

「ほほう。まぁ植村さんほど優秀な方なら、そういう話もあるでしょうね。で、その方とはどのように知り合われたのですか？」

「この業界は変化のスピードが速いので、いろいろと情報交換をしたくて、なるべく普段から同業者の懇親会などにも出るように心がけていたんです。その社長とはそこで出会ったんですが、仕事の話などをしているうちに、私のことを高く評価していただくようになって……」

「そうですか。ヘッドハンティングされるということは、植村さんの仕事が認められたということです。誇りに思うべきだと思いますよ」

「それは転職した方がいいということですか？」

「いやいや、それとこれとは別問題です。植村さんはこの会社でも高く評価されているはずです。その社長がどのような条件を提示したのかは聞きませんが、当然ウチよりも待遇が良いでしょう。しかし、単純に待遇だけで仕事を選べるものではないと私は考えます」

「そうですよね。確かに向こうは驚くような待遇で迎えたいと言ってくれています。しかし、それが何年も続くかどうかは分かりません。それに、当然のことながら今進めているプロジェクトは最後までやり遂げたいですし、他にもまだまだこの会社でやりたいことが残っています。そういうものを中途半端なままで投げ出してしまうことにも抵抗があるんです」

「そうでしょうね。いざ転職しようかと考え出すと悩みますよね。私もかつて転職するにあたっては、随分長く迷ったような気がします」

「やはりそうですよね。話を聞いているうちに、どちらで働くことにも魅力を感じます。そうなると、チャレンジしないことが臆病なようにも感じられてしまって……」

「なるほどね。植村さんはこの会社にとってかけがえのない人材ですから、私としては失いたくありません。しかしそれとは別に、私が転職するにあたって感じたことや考えたこと、そして、植村さんに考えてほしいことや大切にしてほしいことなどについて、思いつくことをメールしてもよろしいですか？」

「はい。ありがとうございます！」

爽やかな笑顔でそういい残すと、植村さんは仕事へと戻っていきました。植村さんの話を聞いていて、私も自分が転職するかどうか迷っていた時のことを思い出していました。私の場合はヘッドハンティングというわけではありませんでしたが、それでも大いに悩んだものです。そんなことを思い出しながら、私はパソコンのキーボードを叩き始めました。

前略

植村さん。顧問室を訪ねてくれてありがとう。植村さんの話を聞いていて、私も自分が転職しようかどうしようか迷った時期に戻ったような気がしました。心がざわつくような気持ちに今でもなります。やはり仕事にやりがいを求め、それに対する対価を求めるとなると、「今のままでいいのか?」と悩むものだと思います。しかし、それは決して恥ずべきことではないと思います。真摯に仕事と対峙しているからこそ、迷いも生じるのだと思うのです。

これを理解していただくために、まず私が転職すべきかどうか迷った理由について書いていきます。私の場合は既に当時の仕事に対してかつて感じていたような情熱が失われつつありました。しかし、待遇面、特にお金の面では申し分ないものでした。

当時の私には大学に通う2人の子どもがいたこともあり、転職によって収入が下がるという事態は避けたいと考えていました。収入が下がるということは、有形無形で子どもたちに対してプレッシャーを与えてしまうことにつながるのではないかと感じたのです。私は子どもたちにはなるべく自由に、自分の好きな道へと進んでほしいと考えていました。もし転職することで子どもたちが何かをガマンしたりすることがあってはならないと考えたのです。

もし仮に、私が独り身だったら迷わず転職していたでしょう。しかし、私には守るべきものがありました。それを犠牲にしてまで転職したいとは考えていなかったのです。

しかし、時間と共に仕事への情熱はますます失われていきました。そうなると、それまで自分の人生の大半を占めていた仕事というものの比重が少なく、軽くなっていきます。しかし、そのような状態は私の求めているものではありませんでした。

私はそれまで一生懸命に仕事に取り組んできました。仕事を通してさまざまなことを考え、少しずつ成長してきたのです。つまり、私にとって仕事とは単に生活の糧を得る場というだけのものではなく、自分を成長させる場でもあったのです。

やがて「このままだと自分はだめになってしまうのではないか」と考えるようになりました。それで、自分の気持ちを見つめ直し、整理するために、お遍路に出ることにしたのです。

その当時の私の自宅は知多半島の付け根に位置する半田市にありました。この知多半島を訪れた弘法大師は、四国の八十八カ所と同じような知多八十八カ所を拓かれました。たまたま自宅と近かったことや、願掛けではないけれど神仏の力を借りて自分の心を見つめ直したいと考えて、八十八カ所巡りをすることにしたのです。

私は歩き、時に車を使い、一つひとつ札所を巡りました。最終的に何カ月かかかりましたが、その間に般若心経も覚えました。そうやってひたすら歩き続け、祈り続けたことによって、少しずつですが自分の中での答えが見えてきました。

転職をすべきか迷った時、最も大切なのは**「自分が役に立っているかどうか」という視点**

を持つことです。この「役立つ」というのは3つの要素で構成されていると思います。

①会社が自分に求めてきていることがよく理解できているかどうか
②その求めてきていることを提供できる実力が自分にあるかどうか
③自分の実力を受け入れてくれる風土・状況にあるかどうか

この3点が揃って初めて、本当の意味で「役立つ」ことができます。しかし、そう考えていくと、自分に対して求められていることは理解していましたし、それに応える自分もイメージできました。しかし、決定的に③が欠落していました。それは、自分にはどうすることもできないことのように感じていました。

最終的には、さまざまなものを天秤にかけてそれでもやはり情熱を傾けることができる仕事をしたいという気持ちが勝りました。そして、自分の可能性に賭けてみることにしたのです。

誤解していただきたくないのは、私は決して植村さんに転職を勧めているわけではありません。植村さんにはこれからもこの会社で力を発揮していただきたいと思っています。しかし、そのためには植村さんにしっかりと納得してここで働いてもらわなければなりません。

ぜひこの機会に、「今の仕事で自分が役に立っているか？」「スカウトされている会社で自分が役に立てるのか？」について考えてください。そうすることで、植村さん自身がどのような環境でどのような仕事をしたいのかということを見つめ直すことにつながると思います。

草々

私が植村さんにこのメールを送ると、しばらく音沙汰がありませんでした。しばらく経ってから顧問室を訪れた植村さんの顔は、よく日焼けしていました。

「鈴木顧問。先日はご丁寧なメールを送っていただき、本当にありがとうございました。いただいたメールを何度も読み返し、私も『お遍路に出るべきだ！』と感じてしまったんです。それで、本場の四国まで行っていました！　まだ十寺程ですが、歩いて巡礼しています」

「そうだったんですか。しばらく連絡がないからどうされたのかと思っていましたが……」

「鈴木さんからいただいたメールを読んで、本当にいろいろと考えさせられました。私は幸運にもこの会社で認められたことで、少し調子に乗っていたような気がします。鈴木さんの『役に立つことが大切』という謙虚な姿勢に触れて、ガツンと頭を殴られたような気がして目が覚めました。それまでは『どこでどんな仕事をするのが自分にとって得か？』ということばかり考えていたような気がします」

「なるほどね。でもそれ自体は決して悪くないですよ。ただ『役に立っているかどうか』という視点がないと長く続かないというだけのことです」

「そうですよね。自分が役に立てるかどうかという視点で仕事をとらえると、自分が役に立っている限りは仕事を続けられそうな気がしますね」

「転職することはチャレンジですし、自分の新たな可能性につながります。一方で、継続することは自分の中に何かを積み上げていくことにつながります。私はこのどちらも大切だと思うのです」

「なるほど。そうなるとさらに転職するタイミングを見極めるのは難しいですね」

「そうですね。国や国民性によっても変わりますしね。たとえば、ＵＳＡでは『A rolling stone gathers no moss.（転がる石には苔が生えぬ）』という諺の「苔」を悪いものとして捉えています。ですから、苔が生えないのが良いことで、つまり転がり続けるのが良いとされているのです。しかし、日本では「苔」というのは国歌にも歌われている良いものです。つまり、苔が生えないのは悪いことであり、転がってばかりいる＝転職ばかりしているのは良くないこととされているのです。最近は日本でも転職がしやすくなりましたが、日本の国民性から考えて、やはり職を転々としている人はどこか信用できない気がしてしまいますね」

「確かに私もそうですね。すぐに裏切られそうな印象があります」

「転がっても良いけれど、雪だるまのように、転がった分大きくなってほしいですね。そうやって、何かを積み上げていく感覚が大切なのです。そのためには、**与えられた仕事を一つひとつやり切る**こと。やり切っていないのに、新たなことに挑戦してはいけません。成功するかどうかではなく、やり切ったかどうか、全力を出したかどうか、自分なりのベストを尽くしたかどうか、が大切です。そんなことを自分自身に問いかけてほしいと思います」

「う〜〜ん。仕事では常にベストを尽くしているつもりですが、やはり完璧ではありません。後から考えて『アレもやりたかった』『こうすれば良かった』といった心残りはあります。そうなるとますます転職すべきかどうか分からなくなってきますね。もうしばらく悩みたいと思います」

「それがいいかもしれませんね。ただし、どこで仕事をするにしても、チャレンジする心は忘れないようにしてください。人生の最晩年に差し掛かった人に『何か心残りはありますか？』と尋ねると、多くの人が『挑戦しなかったことだ』と答えるそうです。考えてばかりいて挑戦するチャンスを逃してしまってはもったいない。条件が整ったと確信できた時には、すぐに動くようにしてください。挑戦すれば失うものがあるかもしれませんが、得るものも必ずあるはずです。動かなければ何も変わりませんからね」

「そうですね。鈴木さんはいろいろと挑戦されていますよね」

「私にとっては、挑戦こそが生きがいなのかもしれません。インド独立の父と称されるマハトマ・ガンジーの言葉に『明日死ぬかのように生きなさい。永遠に生きるかのように学びなさい』というものがあります。今日が最後だと思って思い切って生きると同時に、永遠に生きると思って学び続けるべきなのだというのです。そうすることで生き方がレベルアップします。そして、私はこの言葉の通りに、**一人ひとりの人間が目の前のことに全力で立ち向かい、やり切り、考え抜くことで進化していく**だろうと思うのです。ただし、その結果や成果は自分の代で現れるものではないのかもしれません。ガンジーは『重要なのは行為そのものであって結果ではない。行為が実を結ぶかどうかは自分の力でどうなるものではなく、生きているうちに分かるとも限らない。だが、正しいと信ずることを行いなさい。結果がどう出るにせよ、何もしなければ何の結果もないのだ』という言葉も残しています。植村さんもチャレンジする心を忘れずに、目の前の仕事をやり切り、考え抜いて、正しいと信じる道へ進んでください」

「分かりました。ありがとうございます」

こと」とされています。

実は、私にも自分なりの「三心」があります。私の「喜心」は**「チャレンジを楽しむ心」**です。どんな仕事でも、多かれ少なかれ何らかの壁や困難がありますが、私はその壁や困難の先にある自分の「あるべき姿」を実現することのほうが楽しみなのです。そして「老心」は、他人を思いやる**「労わりの心」**です。誰かが脱落しそうになったら支えてあげる、お互いに声を掛け合ってゴールを目指すといったことです。最後の「大心」は、失敗してもまたチャレンジすれば良いという**「大らかな心」**です。失敗したところで、命まで取られないと考えることです。

この私の「三心」とは、言い換えれば「仕事を楽しむための心構え」であると言うこともできます。明治から大正期に東京実業貯蔵銀行頭取などを歴任した実業家であり、思想家でもある中村天風氏は、「取り越し苦労は百害あって一利なし」という言葉を残しています。これは、ネガティブなイメージからは明るい未来は描けないとでも言うべきもの。みなさんも「仕事を楽しむための心構え」として、この「三心」を持っていただきたいと思います。

顧問からのワンポイントアドバイス

「ヘッドハンティングされて転職すべきか？」と悩む君へ

①　自分が「相手の役に立っているかどうか」を自問自答する

転職について迷ったら、まずは自分が「役に立っているか」ということを振り返ってほしいと思います。人の役に立つための要件は3つ。1つ目は「相手が求めていることを正確に知る」こと。2つ目は「相手が求めていることを提供できる実力がある」こと。そして3つ目は「自分の実力を受け入れてくれる風土・状況がある」ことです。

私が仕事で上手くいかなかった時や失敗した時のことを振り返ってみると、この3つの要件のどれか、あるいは複数を満たせていなかったことが分かりました。それ以来、部下を指導する時には「大事なことは役に立つことだぞ」と伝えるようにしています。もちろん、「どうすれば役に立つのか」は、自分で考えてもらうようにしています。

ですから、もしあなたも自分の仕事が上手くいかないと感じている時には、**「自分が役に立っているかどうか」について、謙虚に自問自答してみる**ことをお勧めします。そこから「改善」のヒントが見えてくるかもしれません。

②　自分なりの「三心」を胸に、チャレンジを楽しむ

曹洞宗の開祖である道元禅師の言葉に「三心」という言葉があります。これは、食事を用意する修行僧の心得で「食事を作る時は、喜心・老心・大心の三心が必要である」と述べられています。「喜心」とは「喜びを持つこと」であり、「老心」とは「父母の子供に対する心を持つこと」、「大心」とは「偏りのない広く大きな心を持つ

全てを投げ捨てたくなるほど大きな挫折に直面した！

と悩んでいる君へ

――望月博之社長（46歳）の場合――

今日は朝からずっと、顧問室の外では電話が鳴りっぱなしの状態が続いています。この電話は主に、この会社が提供しているサービスのユーザーやマスコミなどからの問い合わせやクレームなど。先日鳴り物入りでスタートさせた会社初の金融関連サービスで大規模なシステム障害を発生させてしまったことで、問い合わせやクレームが殺到しているのです。

ネット関連ビジネスの多くは、サービスインしてから細かい修正やアップデートを繰り返し、理想の形へと近づけていきます。言い換えれば、サービスがスタートした当初は、ある程度のバグはつきものなのです。

しかし、今回はそのトラブルによる顧客への影響が甚大で、解消のめども立っていないという最悪のタイミングで、この会社の子会社の社長のスキャンダルが週刊誌に掲載されてしまいました。それは彼が夜な夜な六本木や西麻布界隈で豪遊しているというもの。しかも、芸能界や反社会勢力などとも関わりがありそうなことを想像させるような内容となっていました。

この子会社の社長のスキャンダルが原因で、親会社であるこの会社や望月社長の名前がＷｅｂサイトの検索ワードランキングで上位になるなど、まさに泣きっ面に蜂の状態。対応を一つ間違えば、望月社長の責任論にも及びかねません。

会社経営にはいろいろな問題が起こるものです。これまでソーシャルゲームやネット広告などをはじめ、ネットを利用したさまざまなサービスや情報発信などを幅広く手がけるこの会社は、まずまず順調に成長を続けてきました。ちなみに望月社長はもともとエンジニアで、学生時代から研究してきたサービスが注目されて起業した人物です。そういう意味ではとても純粋で、打たれ弱い部分もあります。今回のトラブルに関しても、責任を感じているに違いありません。そんな望月社長のことが、私はとても心配でした。ですから、やらなければならないことが詰まっているわけでもなかったのですが、何となく遅くまで会社に残っていたのです。

それでもそろそろ帰ろうかと思い始めた頃に、誰かが顧問室のドアをノックしました。「どうぞ」と答えるとドアの隙間から顔を覗かせたのは望月社長でした。

「あぁ。どうぞ。今日は大変でしたね」

「そうなんです。いやぁ…参りました。鈴木さんにもご迷惑をお掛けしていませんか？」

「いやいや。私は大丈夫ですよ。ちょうどまとめなければならない資料もあったので、社長がいらっしゃるのではないかと思ってお待ちしていました」

「そうなんですね……ありがとうございます。鈴木さんには常々**『経営と現場はRespectとLinkの関係にする』**ことが大切だと教わってきたのに……。今回の件で現場のリスペクトを失ってしまいますよね」

「そうかもしれませんね……。確かに社長に対しては口を酸っぱくして**『戦略の現場化』**と**『現場の戦略化』が必須**だと言い続けてきたような気がしますね（笑）」

「何度も聞かされましたよ。鈴木さんは僕の顔を見るといつも『経営から見て【戦略の現場化】が、一方現場から見て【現場の戦略化】が欠かせません』と。それとこうもおっしゃっていただきました。**『経営と現場がそれぞれ歩み寄り、互いへの理解が深まることが両輪となって、会社というのは上手く回っていく**ものなんですよ』って。いい言葉だと感じて、まるごと暗記してしまいました。それなのに、その土台となるRespectを毀損してしまっては、Linkなんてできるはずがありません……」

「まぁ……悪いことは重なるものですが、まだまだ諦めるには早過ぎますよ。とにかく、一刻も早く社内の動揺を抑えることが大切です。今日は本当に一日中電話がなりっぱなしで、皆さんその対応に追われて仕事になりませんでしたから、誰もが『こんな状態を早く終わらせてほしい』と考えています。ここで、短期間にきちんと事態を収束させれば、社長へのリスペクト、会社へのリスペクトは取り戻せるはずです」

「本当ですか？　今回の件で、私は自分の力不足を痛感しました。今までまずまず順調に来ていたので、失敗すると堪えますね」

「誤解を恐れずに言えば、時には失敗することも必要かもしれません。私からすれば、ここまで大きな失敗をせずに来たことの方が驚きですよ」

「そうですか？　鈴木さんはそんなに大きな失敗や挫折はなさそうな印象ですけど……」

「そんなことはありませんよ。私にも何をやっても上手くいかない時期がありましたし、仕事以外でも挫折はありました。長い年月を共にした家族を失っていますからね」

「あぁ。それは本当に辛かったでしょう。そのように落ち込んだ時はどうやって乗り越えて来られたんですか？　私も何とか乗り越えたいので、いろいろご指導いただきたいです」

「そうですね。乗り越えるためには自分を変えなくてはなりませんでしたし、とてつもなく大きなパワーが必要でしたね」

「そうですよね。僕も会社を大きくするために努力を続けてきて、こんなことで躓くなんて……。これを乗り越えるためには、今までやってきた努力の何倍もの力が必要な気がします」

「まぁでも、乗り越えられない壁はありませんよ。今日は早く帰って、好きな音楽や映画、本などでゆったりと時間を過ごしてみてはどうですか？　ご迷惑でなければ、私が経験した挫折と、何とか乗り越えた時のことは、今晩中にメールで送っておきます。それを読んでいただければ、何かヒントになるかもしれません」

「ありがとうございます。そうですね。ちょっと気分転換が必要かもしれないな。では、明日メールを読ませていただきます」

そう言い残して、望月社長は部屋を出ていきました。憔悴した様子の望月社長の背中を見て、私も自分が大きな挫折を味わった時のことを思い出していました。

拝啓

望月社長。今日は大変な1日だったと思います。しかし、お話ししたように乗り越えられない壁はありません。私が経験した挫折と、それをどう乗り越えたかということを参考に、1日も早くいつもの元気な望月社長に戻っていただきたいと思います。

私の人生における最大の挫折は、55歳の時のことです。50歳で転職して新たな環境で仕事に取り組み始めた直後に、家庭内の不和が表面化してしまいました。そこから5年間の別居生活を経て結論に至ったのです。何か全てが無くなったように感じました。

この大きな喪失感と、新たな仕事の重責を忘れるために痛飲し、どんどん体調が悪くなっていきました。

それまで私は、外へ出て働き、お金を稼ぐことが自分の役割だと考えていました。ですから、料理にしろ洗濯や掃除にしろ、子育てにしろ、家庭内のことは奥さんに任せ、自分では何もやらないに近い状態でした。そんな私が一人暮らしを始めたところで、自分が何もできないということに気づかされるだけでした。

それで、外食と痛飲という自堕落な生活を送りながら「何とか家族の気持ちを引き戻したい」とばかり考えていました。つまり、このような状況になった原因について反省をするわけでもなく、時間が解決してくれるのではないかと考えたり、同情してくれるのではないか、などと考えたりしていました。つまり、相手の気持ちを変えようと考えるばかりで、自分自身を変えようとは深く考えていなかったのです。

しかし、自分自身が変わらない限り、相手が変わることはあり得ません。それに気づくまで、私は5年という時間を無為に費やし、最悪の結末を迎えることになったのです。

当時は全く分かりませんでしたが、今なら少しは理解できます。もし何か大きな挫折に直面したら、周りを変えようといくら努力したところで、変えることはできません。まずは自分を変えることに注力すべきです。これは、夫婦関係だけに限ったことではありません。仕事での人間関係、たとえば上司や部下といった関係の中でも同じことが言えます。もちろん、望月社長を取り巻く社員やユーザー、マスコミにも同じことが言えるでしょう。

自分以外の相手を変えようとしたところで、そのほとんどは徒労に終わります。**自分の周りで起きていることは、原則的に自分自身に起因するのです**。ですから、自分を変えることによって周りが変わります。そして新しい自分になるためには、2つのステップが必要だと私は思います。

今の望月社長は「自分は駄目な人間だ」「周りの人が信頼できない」「こんなことで手の平返しするユーザーが憎い」「仕事に対する情熱が失われた」などなど、ネガティブな考え方に支配されていることでしょう。そんな時には緊急対応をしっかりやった上で、いったん問題を棚上げして、自分を休ませるようにしてはいかがでしょうか。考えるのを止めてみる、時間を作って山に登ってみるなど、無心になれることを実践してみると、今まで自分がこだわってきたこと、執着してきたものなどからどんどん解放されます。下手の考え休むに似たり。いったん棚上げをして自分を休ませて、その後自分を取り戻してから考えることをお勧めします。これがまず大切ではないでしょうか。

そして次は、目の前にある全てを受け入れるということ。これは口で言うほど簡単なことではありません。私の場合は、現実を受け入れることは煮え湯を飲まされるようなもので、苦行以外の何物でもありませんでした。未来のことを考えると苦しくなりますから、現在だけを見つめて全てを受け入れるようにすることが大切なのだと思いました。

この現実を受け入れるうえで、私にとって助けとなったのが、ある人からの教えです。それは**愛情に関する「慈」「悲」「喜」「捨」**という話です。仏教で、人が幸せに生きていくための愛情の在り方を、この「慈」「悲」「喜」「捨」という四つの言葉で表現しています。

最初の「慈」は慈父の愛情を意味し、「頑張れ！」と応援するような愛情の形を指します。

次の「悲」は悲母の愛情で、たとえば「子どもの苦しみを自分が代わって受ける」といったような献身的で自己犠牲的な愛情を指します。これは慈父の愛情よりもより強く、大きな愛情と言うことができます。そして三つ目の「喜」は全く関係のない赤の他人の幸せを喜べることを指します。これは親子や兄弟といった血縁関係がない分、より強く大きく、そして広い愛情と言えるでしょう。最後四つ目の「捨」とは、平等で冷静な愛情のことを指します。自分の感情に流されず、相手を束縛したりすることなく自由にするということです。束縛したい、側にいてほしいと感じる人を自由にしてあげるのは難しいことです。だからこそより強く、大きく、広くて深いのだと教えていただきました。

つまり、本当に相手を思うのであれば「捨」にたどり着かなくてはならない、と。これを聞いて、私は決意することができたのです。そして時間の経過と共に新しい光が私を照らしてくれている。そう感じることができるようになりました。

誰しも、現状を認め、受け入れるのは苦しいことです。しかし、だからこそ受け入れることが大切なのではないでしょうか。人生というのは必ず光と闇があると思います。光だけで満たされた人生もありませんし、闇だけで満たされた人生もありません。光があれば闇もありますから、それぞれをありのままに受け入れて、次のステップへと立ち向かっていただきたいと思います。ここで大切なことは、**闇は絶対的存在ではなく、光が当たれば闇は消える**と信じることのように思います。

敬具

そんなメールを送った翌日、望月社長は記者会見を開いて今回の問題について全面的に非を認めて謝罪すると同時に、システムトラブルに関しても、子会社社長のスキャンダルに関しても、再発防止に努めると発表しました。つまり、逃げることなく全身全霊で立ち向かうことを決めたのです。

苦難に直面した時、逃げ出したくなるのは、動物としての人間の本能です。しかし人間には理性があり、本能をコントロールすることができます。日頃から目の前の現実をありのままに受け入れる準備をしていれば、本能を制御することができるはずです。少なくとも私はそう信じています。

私が送ったメールから、望月社長がそんなメッセージを受け取ってくれたのだとしたら、とても嬉しく思います。

たことにあるというわけです。

「戦略の現場化」とはいわゆるトップダウンで、戦略を隅々にまでしっかりと徹底すること。一方の「現場の戦略化」とはいわゆるボトムアップで、現場の情報・知恵を戦略に反映することです。指揮官と現場が情報交換してつながりながら、それぞれに対するリスペクトを持つこと。私は、もしこの両方があれば、アメリカはベトナムに敗戦することはなかったのではないかと感じられてなりません。

経営においても、戦略を立てる経営者と現場の従業員が一体となることで、会社は目標に向かって前進します。そのためには、**経営と現場がお互いに相手の意見やアイデアを尊重し合う風土が欠かせない**のです。

② 自らを映す鏡を持ち、謙虚で素直な心で受け入れる

人間は一度成功してしまうと、その体験をなかなか忘れることができないものだと思います。だからこそ、私たちは常に自分が間違っているかもしれないという「畏れ」を抱く必要があります。そして、自分自身を客観的に見るための「自らを映す鏡」を持ち、そこに映る自分の姿を素直に受け入れるように努力しなければなりません。

それでは、素直な自分になるために、私たちはどうしたら良いのでしょうか。なかなか難しい問題だと思います。しかし、宇宙にしても自然にしても人体にしても、**摂理に基づいたそのままの姿を観た時、素直にならざるを得ない自分に気づかされる**ことがあります。自分自身も摂理に基づく存在の一部に過ぎないと感じる時、成功とか失敗とかの価値を挟まない、自分自身の姿を観ることができるのかもしれません。

顧問からのワンポイントアドバイス

「全てを投げ捨てたくなるほど大きな挫折に直面した！」と悩む君へ

①　経営と現場はRespectとLinkの関係にする

私は経営について考える時に常に意識しているのが「戦略の現場化」と「現場の戦略化」です。これができずに大きな失敗となったのが、アメリカにとってのベトナム戦争です。

アメリカはあの戦争で、米兵だけで5万8000人もの生命を失い、巨額の戦費支出、経済的な停滞など、甚大な犠牲を払うことになりました。当時のアメリカの国防長官だったロバート・S・マクナマラ氏はその敗因について『マクナマラ回顧録―ベトナムの悲劇と教訓』（共同通信社）で述べています。曰く「アメリカは、判断と能力による過ちに加え『無知』による過ちが深刻な失敗を引き起こしました」と。つまり、アメリカの敗因は、現場を知らずに戦略を立て

「戦略の現場化と現場の戦略化」

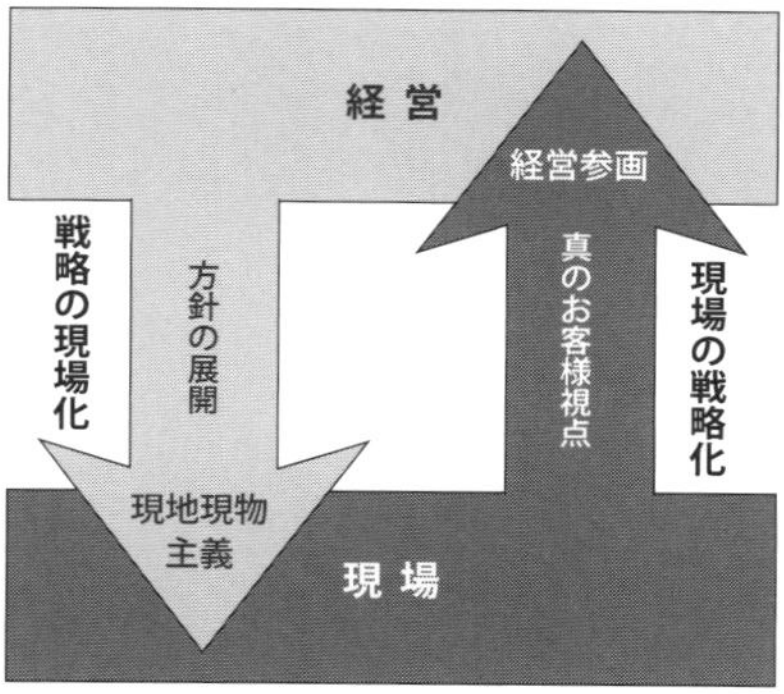

「戦略の現場化」は、方針・目標・計画を社員一人ひとりの目標や行動計画へと落とし込むこと。一方、「現場の戦略化」は、現場が経営に対してお客様視点で積極的に意見を述べ、必要な人・モノ・カネ・情報などの経営資源を求め、経営に参画していくことです。

仕事とは何か？

——社内報のインタビュアーとの対話から——

と悩んでいる君へ

——はじめまして。社内報の編集長をしている辻と申します。本日はお忙しいところお時間をいただきありがとうございます。

鈴木　いえいえ。こちらこそ声をかけていただけて光栄です。よろしくお願いいたします。

——本日は鈴木顧問に「仕事って何ですか？」というテーマでお話を伺いたいと思います。これは来月の社内報に掲載する予定です。どうぞよろしくお願いいたします。

鈴木　はい。何でも聞いていただければと思います。

——鈴木顧問は日頃からわが社の社員の相談に乗っていただいているんですよね。彼らはどんなことに悩んでいるのでしょう？

鈴木　う〜〜ん。それは全く人それぞれですね。上司と合わないという悩みから、同期と比べて出世が遅れてしまったといったもの、あるいはこの会社を辞めようかどうしようか悩んでいる人だっていますよ。

——なるほど。駆け込み寺のようなものですね。それで悩みを打ち明けられた鈴木さんはどのように返答されているんですか？

鈴木　会話だとその場で流れてしまって後に残らないので、メールで送るようにしています。メールなら後から読み返したりすることもできますよね。

——そうなんですね。じゃあ僕も今度はインタビューではなく、自分の悩みを打ち明けに行きたいと思います。その時はぜひよろしくお願いします。

鈴木　はい。お待ちしていますよ（笑）。

——さて、では早速本題に入らせていただきます。本日のテーマは、「仕事とは何ですか？」というものです。

鈴木　難しいテーマですね。ちょっと一言では答えられません。というか、やはり人それぞれとしか言いようがないですね。

――確かにそうかもしれません。では、鈴木顧問にとっての仕事とは何か、について教えていただけますか？

鈴木　それなら答えられます。私にとって仕事とは、人生です。

――人生ですか。それはどういう意味ですか？　仕事が生き甲斐ということでしょうか？

鈴木　それもありますが、そもそも時間で考えてみてください。私たちに与えられている1日24時間のうち、ほとんどの人は8時間以上仕事をしています。つまり1／3以上ということですね。それ以外にも通勤時間があり、残業があり、仕事関係の飲み会などもあります。一方で、1日に8時間程度は眠ります。残りが食事や趣味の時間というわけです。つまり、私たちは起きて活動している時間で最も多くの時間を仕事に費やしているわけです。

――なるほど。人生で最も長い時間を使っているのが仕事である、と。

鈴木　ただし、私にとってはただ時間を使っているというだけのものではありません。私は仕事を通じてさまざまなことを経験してきました。たとえば、私が日本を飛び出して、日本にいた時とは全く異なる視点や考え方、経験ができたのは仕事のおかげです。当然、仕事で失敗したこともありますが、成功の喜びも知ることができました。何より、さまざまなことにチャレンジする機会を与えてくれました。このチャレンジのおかげで私は成長することができたのだと考えています。

――つまり、仕事があったからこそ今の鈴木さんがある、と。

鈴木　もちろん、家族と一緒に過ごす時間や友人・仲間たちとの時間も私にとって大切な、かけがえのないものです。しかし、それらの時間を持つことができたのは、全て仕事をすることで生活の糧を得ていたからという部分があります。何より、私に何かを気づかせてくれたり、学ばせてくれたりなど、自分自身の成長につながったことのほとんどは、仕事だと思うのです。

――なるほど。仕事＝人生と言うことができるのは、やはり鈴木さんにとってその仕事が合っていたから、ということなんでしょうね。

鈴木　いや、それが難しいところなんです。私のところへ来てくれる相談者の中には、「仕事が合わなくて悩んでいる」「仕事が合わないから転職したい」と言う人が少なくありません。しかし、彼らに「ではあなたに合っている仕事とは、どんな仕事なんですか？」と尋ねても答えられません。つまり、「合わない」ということは分かっても、「合う」ことは分からないというわけです。

――なるほど。そういう人たちはどんな仕事をしても「合わない」と感じるということですね。

鈴木　そこまで言うつもりはありませんが……（笑）。だけど、私もずっと「自分には合わない仕事だなぁ」と感じながら仕事を続けてきました。50歳で転職するまでの27年間です。

――それは長いですね。「自分には合わないから転職しよう」とは考えなかったのですか？

鈴木　それは常に頭の片隅にありました。しかし、私には夫として、あるいは父としての責任がありました。それは家族が生きていくためのお金を稼ぐということです。ですから、そう簡単に「辞めた」と言うわけにはいかなかったのです。それに、別に合わない仕事だからといって成長できないというわけではありません。

――それはつまり、「合わない」と感じている仕事でも、自分の成長につながるということですか？

鈴木　そうですね。私の経験では、むしろ「合っていない」仕事の方が、その時は苦しいのですが、後になって考えると自分を成長させてくれたような気がします。私にとって自分を成長させる仕事というのは、いわゆる「やりがいのある仕事」です。しかし、仕事にやりがいを感じるかどうかは、「仕事が合っているかどうか」ではありません。目の前の仕事に一生懸命に取り組んで、何を学んだかということなんです。

――なるほど。鈴木さんにとっては、「合う」と感じる仕事よりもむしろ、「合わない」と感じる仕事の方が学ぶことが多かったということですね？

鈴木　そうですね。いや、厳密にはどちらからも学ぶことはたくさんあります。親しい仲間と一緒に取り組んだ楽しい仕事から学ぶことはたくさんありますし、嫌いな上司と一緒に仕事をしたことで学んだこともたくさんあります。私が言いたいのは、「合わないから学べない」あるいは「合うから学べない」というのではなく、「合うかどうかに関係なく、一生懸命に取り組めば学ぶことはたくさんある」ということなんです。

――ということは、**「一生懸命に取り組む」**というところがポイントなんですね？

鈴木　正解です！　仕事が合うとか合わないとか考える前に、とりあえず目の前の仕事に一生懸命に取り組むことが大切だと私は思います。自分に合う仕事と出会うことが人生ではありません。目の前の仕事、自分が取り組んだ仕事から「何を学んだか」ということこそが人生なのです。

——なるほど……深いですね。では、鈴木さんから見れば「仕事が合わないから転職する」というのはあり得ないわけですね。

鈴木 自分に合う仕事と出会えれば、それは楽しいかもしれません。しかし、人生というのは楽しさを求めるだけのものではないはずです。楽しいことも辛いことも含めた全てが人生なのです。

——ですが、楽しいことも辛いことも含めて人生なら、楽しいことが多い方がいいですよね？　少しでも楽しいことを増やすために、自分に合う仕事を求めるのは理に適っていませんか？

鈴木 先ほども言いましたが、「合わない」ことは分かっても「合う」のはなかなか分かりません。そうなると、「自分に合う仕事を探す」というのは一種の「自分探し」ということになりかねません。解剖学者の養老孟司さんは「自分探しなんて愚の骨頂」と仰っていて、私も同じ意見です。自分なんてものを探しても見つけられるかどうか分かりません。そうではなく、今目の前にある仕事に一生懸命に取り組んで「何を学ぶか」が大切なんです。その学んだことの積み重ねが、自分を形作っていくのだと思いますよ。

――具体的には、何を学ぶべきなのでしょう？

鈴木 それも人それぞれですね。「この仕事をしたらコレを学ばなければならない」というものではありません。もちろん、仕事の生産性を高めるための技術は別ですよ。技術は真っ先に学ぶべきことです。技術以外に何を学ぶかは本当に人それぞれだと思います。極端な言い方をすれば、「学びたい」という心さえあれば、どんな仕事をしていても学ぶことができるはずなんです。

――なるほど。実はどこにでも「学び」が潜んでいるにも関わらず、「学びたい」という心がない人はそれに気づくことができないというわけですね。

鈴木 そういうことです。

――では、どうすれば「学びたい」という気持ちを育むことができますか？

鈴木 そうですね。まずはやはりリベラルアーツを身に付けることでしょうね。科学でも歴史でも哲学でも芸術でも何でもいいのですが、知識と教養を深めること、自然の中に身を置くこと、自分の知らない世界に行ってみること、新しい趣味に挑戦してみることなどで、さらに「知りたい」あるいは「学びたい」という心が育つように思います。

——なるほど。仕事に関する知識だけを深めていくのではなく、**もっと幅広く、一般的な知識や教養を身に付ける**ということですね。

鈴木　私たちは天才ではなく凡人です。だからこそ毎日を真面目に生き、仕事に取り組み、苦難を受け入れることが大切だと思います。そういうことから逃げずに生きていれば、きっと誰かの役に立つ何かを身に付けることができるはずです。よく「時は流れる」と言いますが、私は**「時は貯まる」**と思っています。知識も経験も蓄積され、ストック、いわゆる資産となっていくものなんです。

——なるほど、「時は貯まる」ですか。面白いですね。つまり、ただゆるゆると目の前を流れていくように感じられる時間も、使い方ひとつで貯まるかもしれない、と。そのためのキーワードが「一生懸命に取り組む」というところになるわけですね。

鈴木　そう。私は**「自分らしく、自分以外の人のために、使命感を持つ」**という思いで日々を生きたいと思います。仕事に対してはもちろん、人生のあらゆる場面でこのスローガンを胸に生きるように心がけてきました。もちろん百点ではありませんよ。弱い人間ですから。しかしたとえば、目の前に選択肢が2つあってどちらかを選ばなければならないとしたら、「自分らしいかどうか」「自分以外の人のためになるかどうか」ということを基準に選ぶように努力しているのです。そうやって一つひとつの行動を律することによって、凡人である自分の成長につながり、いつかきっと人の役に立つ何かを成し遂げられるはずだと信じています。

――鈴木さんのようにできる人は、凡人とは呼ばないのではないですか?(笑)。

鈴木　いやいや。凡人だからこそ40年間働き続けることができて、ようやくいろいろなことを学び、身に付けることができたんです。私は人付き合いや人に合わせることが苦手で、嫌われてしまうことも少なくありませんでした。人の顔色を見ながら、角が立たないように上手く立ち回ることも苦手です。でもそのおかげで、何とか今の自分にたどり着くことができたのかな、とは思いますけどね。

――みんなが鈴木さんと同じように考えれば、会社というのはもっと良くなるような気がしますね。

鈴木　そうですかね。私は会社の成長というのは、社員一人ひとりの成長の積み重ねの結果だと考えています。**一人ひとりが目の前の仕事に一生懸命に取り組むことによって成長し、一人ひとりの成長が会社の成長につながり、会社の成長が社会の発展につながる**のです。その根底にあるのが、一人ひとりが仕事を通じて学ぶということです。一人ひとりが学び、成長することが、つまり**人の可能性を具現化すること**が社会の成長へとつながっていくとしたら、これほど素晴らしいことはありません。

――鈴木さんの仕事に対する考え方はとても素敵です。この社内報を読んだ社員たちが、今から「鈴木さんを見習おう」「真似してみよう」と思ったら、まずはどこから始めるのが良いでしょう？

鈴木　私を「手本」とするのではなく「見本」としてほしいな。そう、まずは一人ひとりが学ぶこと、そして成長することを目指しましょう。仕事における成長というと、「仕事を通じて自己実現する」などと言います。しかし、まずは実現する自己があるのかどうかをよく考えてみてください。そんな抽象的な自己の実現にとらわれても、決して成長にはつながりません。それよりも、**目の前にある仕事、与えられた仕事に一生懸命に取り組みましょう。そしてそこから何を学ぶかを考えるようにしましょう。**たとえ同じ仕事に取り組んだとしても、学ぶことや身に付くことは人それぞれ異なります。一人ひとりが成長し続けることで、会社が成長し、社会が発展していきます。プロセスを大切に、日々の仕事から何かを学び、身につけ、成長することを目指していただきたいと思います。

――学び続けること、成長し続けることの先には何があるのでしょう？

鈴木　何でしょうね（笑）。それこそが自己じゃないですか？　学んだことや身に付けたことはストックとして一人ひとりの中に積み上げられていきます。それがいつか、もしかするとそれは来世かもしれませんが、きっと何かの役に立つはずです。インドの哲学者であり、指導者としても有名なマハトマ・ガンジーは「明日死ぬかのように生きなさい。永遠に生きるかのように学びなさい」と言いました。つまり、明日死んだとしても後悔のないように行動しなさいということです。そしてその一方で、永遠に学び続けるべきだとも言っているのです。

――なるほど。短期的視点で今何の役に立つかということだけにこだわっていてはダメですね。今日はいろいろと示唆に富むお話を伺うことができました。またぜひお話を伺わせていただきたいと思います。ありがとうございました！

鈴木　こちらこそありがとうございました！

生きるとはどういうことか？

と悩んでいる君へ

――社内報のインタビュアーとの対話から――

――先日は「仕事とは？」のインタビューにご協力いただき、ありがとうございました。おかげ様であのインタビュー内容がとても好評で、第2弾のインタビューをお願いすることになりました。

鈴木　ありがとうございます。こういうインタビューをしていただけるのは、私の考えていることをたくさんの人に知っていただく機会になるのでとても有り難いですね。

――前回は「仕事とは？」というテーマで、鈴木顧問ご自身にとっての「仕事とは何か？」というお話を伺いました。

鈴木　そうですね。いろいろと話をさせていただきました。

――鈴木顧問にとっての仕事とは人生そのものであるというお話でした。そして何かを実現するというよりは「学び続ける」というプロセスそのものが大切であるとお話いただきました。

鈴木　そうですね。最終的に現世で何かを成し遂げられるかどうかは分かりません。しかし、人類という種のために、あるいは地球全体のために、自分も何かを積み上げることができると信じています。

――壮大なお話ですね。

鈴木　そうですね。これはあくまでも私の考え方です。ですから正しいかどうかは分かりませんし、誰かに押し付けるつもりもありません。

――でも、先日のインタビューの影響を受けて、鈴木顧問の部屋が予約制になったとか？

鈴木　そうなんです。いろいろと話をしに来てくださる人が増えました。ありがとうございます。

――そんな大人気の鈴木顧問に再びインタビューを行います。本日のテーマは「生きるとは？」です。

鈴木　これも難しいテーマですね。私もずっと考え続けていますが、未だに明確な答えがあるわけではありません。ですから、現時点で私が考える「生きるとは？」というお話になりますが良いですか？

――はい。もちろんです。難しいテーマばかりで申し訳ありません。

鈴木　いやいや。こうやって聞いていただけて会話をすると、私も自分の頭の中が整理されるので有り難いんですよ。

――そう仰っていただけると助かります。では早速ですが、鈴木顧問が考える「生きるとは？」についてお話いただけますか？

鈴木　私は、この世に生きる全ての人あるいは存在に、何かしらの「役割」があると考えています。

――「役割」ですか。つまり私には私の、鈴木顧問には鈴木顧問の役割があるということですね。

鈴木　はい。役割というのは「役を割る」ということです。つまり、全体として一つの物語というか、流れがあって、その上で一人ひとりに役が与えられているということです。

――なるほど。その場合の全体を作り、役割を与えているのはどういうものなんですか？

鈴木　それはやはり人智を超えた存在としか言えません。私はそれを「サムシンググレート」と呼んでいます。

――つまり、**そのサムシンググレート、人智を超えた何かによって、ある物語が作られていて、その物語に沿って我々一人ひとりに役割が与えられている**、というわけですね。

鈴木　そうですね。何か具体的な証拠があるわけではありませんが、私はそう考えています。たとえば蟻の集団のことを考えてみると分かりやすいかもしれません。蟻は女王蟻を中心に、働き蟻や兵隊蟻などが役割分担をして集団生活を送っています。ご存知かどうか分かりませんが、全体の20％の蟻は全く働かず、餌を食べるだけだそうです。しかし、面白いことに何らかの原因で働き蟻の数が変わると、自然と働かない20％の一部が働き出し、バランスを調整するようです。それぞれの蟻は個体でありながら、全体を意識するような形で役割分担していく。何か全体としてひとつの意思を感じませんか？

――そうかもしれません。偶然にしては出来過ぎているというか……。

鈴木　そうなんです。ですから、恐らく人類という種にも全体を統率する意思があるだろうと感じます。

――その全体の意思の中で、鈴木顧問はどのような役割を与えられているのですか？

鈴木　それがね、実はまだよく分かっていないのです。とにかく真面目に日々を生きて、学び続けていれば、私だけでなく誰でもいつか人の役に立つことができるだろうと信じています。私はそのことを伝承していくというのが、一つの役割なのかなぁとは感じています。

――なるほど。ではこのような鈴木顧問のお考えを紹介できるインタビューはまさにぴったりというわけですね。

鈴木　そうですね（笑）。

――自分の仕事を正当化したところで、続きを根掘り葉掘り聞いていきたいと思います。一人ひとりに役割が与えられているということですが、どうすれば具体的な役割の中身を知ることができるでしょうか？

鈴木　難しいですね。私たちは皆、全体から見れば雑巾のようなものに過ぎないのかなぁと感じることもあります。

――雑巾、ですか？

鈴木　そう。掃除に使うあの雑巾です。雑巾はそれぞれ与えられた場所で仕事をします。つまり、何かをキレイに磨き上げるわけです。それを毎日繰り返すうちに雑巾は汚れますよね。そうしたら洗濯されて、天日に干されて、再び掃除に使われます。掃除、洗濯というこのサイクルを何度も繰り返してボロボロになったら、新しい雑巾と交代します。私たちの人生って、この雑巾と同じようなものなのではないかなぁと感じるのです。

――つまり、全体の意思に従ってどこかを磨き続けて、ボロボロになったら死んで新しく別の人がそこを掃除する、ということですね。

鈴木　なんとなく、そんなものなのかなぁと感じるんですよね。

――鈴木顧問は、どうやってそのような境地にたどり着かれたんでしょう？たとえば何か読んだ本など、影響を受けたものはありますか？

鈴木　今までに読んだ本はもちろん、講演会などで聞いた話などからも大きな影響を受けていますよ。だけど結局は考え続けることでしょうね。自然の中に身を置いたり、宇宙の成り立ちを学んだり、人体について学んだり。そのようにして知識や経験を増やしていくと世の中にはさまざまな神秘があるということが分かります。奇しくもさっき辻さんがおっしゃったように、「偶然にしては出来過ぎている」ことがたくさんあるわけです。もちろん科学の進歩と共に謎が解明されていく部分もあります。そうするとやはり全体を統べる意思があり、その意思を備えた人智を超えた何か、サムシンググレートの存在へと行き着いてしまうんですよね。

――では、全体として一つの意思の下で一枚の雑巾として日々掃除に励む我々は、何を目標に生きれば良いのでしょう？

鈴木　その点では、やはり**自分の強みに着目すること、そして学び続け、自分の中に何かをストックし続けることが大切**だと思いますよ。生きる上での目標ということに関しては、キリスト教のシスターで『置かれた場所で咲きなさい』などの著書で知られる渡辺和子さんの言葉が印象的です。現代は「才能」といった意味で使われる「タレント」という言葉は、もともと古代ギリシャの重量および貨幣の単位だったそうです。渡辺さんは、生きるということに関してこの「タレント」という言葉で表現しました。たとえば、生まれた時に3タレント備えていたが死ぬ時に10タレントにして返した場合と、5タレント持って生まれてきた人が12タレントにして返した場合を比較するわけです。すると、もともと3タレントだった人の方が高く評価されるのだと。なぜなら、伸び率がそちらの方が高いからです。要するに、生まれた時に持っていた「タレント」をいかに増やして返すか、ということが人生における目標であると言うわけです。これは、私が考える「生きることは学ぶこと、そして役立つこと」というのと同じであると思います。

――なるほど。つまり、それほど多くの才能を与えられていなかった人間と、もともと多くの才能を持って生まれてきた人間とでは、最終的に返す時の量にも差がでるべきであるというわけですね。それなら、努力し続けた分が認められるわけですね。

鈴木 そうですね。一人ひとりが一生懸命真面目に勉強し、考え、行動することが大切なのだと思います。正直なところ、私にもまだ「生きる」ということの意味は分かっていません。ですから、真面目に勉強し、考え、行動するように心がけているんです。

――鈴木顧問も追求し続けているということですね。分かりました。私も探し続けたいと思います。本日はありがとうございました。

おわりに

仕事はもちろんのこと、人生は「判断」の連続と言えます。時に「自分の一生の方向性を決める決断」を求められることもあるでしょう。どう考えて結論に至るのか、それはなかなか難しい問題です。

私自身もこれまでの人生において深く悩み、私なりの答えにたどり着くまでに苦労しました。その時々で、一生懸命考え、本を読んだり、家族や友人に相談したりしながら何とか結論にたどり着いて来たわけですが、今日は人間関係が希薄化して相談しづらくなっていると感じます。そんななかで、自分が何とかして乗り越えながら得られた何かが、「今悩んでいる」「今壁にぶつかっている」君たちの役に立てばという思いから、この本の執筆をスタートしました。

私たちは人の目からどのように見えるか、どのように評価されるのかといった評価を気にしながら生きています。しかし、私たちが生きていく上で本当に大切なのは「あなたが何をしたいか」「あなたがどうしたいか」「あなたがどんな人生を生きたいか」であるはずです。このように、「自分の判断」を大切にしようとする時、私はブレない「軸」が必要と考えます。私はその「軸」を「基軸」と名づけました。それは「摂理や法則を知り、摂理に則った軸を立て、その軸をブラさないこと」

です。この「基軸」に基づく判断ができれば、自分を生かし、そして周りの人々に貢献でき、後悔のない「自分の判断」「自分の一生の方向性を決める決断」にアプローチできると信じています。

私たちは何かを判断するにあたって、人の目ばかりを気にしていても幸せになれませんが、一方で自分のためだけに生きたとしても幸せにはなれないでしょう。私なら、自分らしく生きると同時に、人々の役に立ちたいと感じます。それこそが、自分の役割を感じ、演じることであり、私に与えられた役割をしっかりと果たすことが、目の前の人の、人類の、そして地球全体の役に立つことにつながるはずなのです。

本書は、ある会社の顧問を務めている「鈴木」なる人物が、その会社の社員や社長、仕事で関わった人たちが直面しているさまざまな悩みに耳を傾け、自分なりの考えや経験などをメールで送ります。しかしそのメールの内容は、「答えそのもの」ではありません。あくまで「今悩んでいる彼らが自分自身で答えに近づくことができるようなヒントです。しかし、そのヒントはただのヒントではありません。鈴木氏自身が経験したことや読んだ本、人から教えられた言葉など、鈴木氏にとって「判断するうえで欠かせない軸」、つまり「基軸」に基づくヒントであり、アドバイスなのです。

偶然にも、この本に登場する顧問の鈴木氏は私と同じような経歴の持ち主であり、なおかつ私と似たような考え方、基軸を持っている人物です。そんな鈴木氏がさまざまな後進たちへ贈る「返信」

が、皆さんの悩みを解きほぐし、明日への一歩を踏み出すヒントになれば幸いです。

なお、本書は私の前書「マネージャー心得帖　成功と成長7つの原則」(WAVE出版)と対を成している一冊です。「7つの原則」とは、長年にわたって働いてきた私が仕事を通じて得た成功と成長に関する原則、基軸のこと。それが次の7つです。

①人の可能性を具現化する
②Pull Systemで人と組織の可能性を引き出す
③異質から多様性を生み出す
④「サムシンググレート」としての方針管理を実践する
⑤摂理に基づいて権限と責任の一致にこだわる
⑥やり切る・積み上げる
⑦経営と現場はRespectとLinkの関係にする

前書が、この7つの原則についてのテキストであり、マニュアルである一方で、本書は7つの原則を実践する事例をフィクションとして表現したものです。しかし、どちらもビジネス・マネージメントの場面での「原則」と、私なりの「基軸」について紹介する内容となっています。両方を読んでいただくと、私が考える「基軸とは何か?」がより深く理解いただけることと思います。ぜひ一度、お手にとっていただければ幸いです。

最後に、本書の制作にご協力いただいた朝日出版社の田家昇さんと近藤千明さん、富士通の辻庸之さんと長谷川由貴さん、デンソーの中沢伸之さんと笹川孝さん、ＫＤＩの仙石太郎さん、ブルームコンセプトの小山龍介さんに心より感謝を申し上げます。また、家庭で私を支えてくれる妻・佳代ともも（愛犬）にも心からありがとうを伝えます。そして、東京の地で一生懸命に「働き、悩み、生きる」二人の息子、鈴木啓介、鈴木庸介に父としてのエールを送ります。

二〇一八年十一月吉日

鈴木　一正

〈参考文献〉

●『夜と霧　新版』ヴィクトール・E・フランクル　みすず書房
●『ガンジー自伝』マハトマ　ガンジー　中公文庫
●『新編生命の實相』（全40巻）谷口雅春　日本教文社
●『金子みすゞ童謡集　わたしと小鳥とすずと』金子みすゞ　JULA出版局
●『置かれた場所で咲きなさい』渡辺和子　幻冬舎文庫
●『心を高める　経営を伸ばす』稲盛和夫　PHP文庫
●『長いお別れ』レイモンド・チャンドラー　ハヤカワ・ミステリ文庫
●『働かないアリに意義がある』長谷川英祐　中経の文庫（KADOKAWA）
●『「自分」の壁』養老孟司　新潮新書
●『トヨタ生産方式〜脱規模の経営をめざして』大野耐一　ダイヤモンド社
●『マクナマラ回顧録―ベトナムの悲劇と教訓』ロバート・マクナマラ　共同通信社
●『成功の実現』中村天風　日本経営合理化協会出版局
●『饗宴』プラトーン　新潮文庫

著者紹介

鈴木一正（すずき かずまさ）

1955年　静岡県生まれ
1974年　静岡県立清水東高等学校卒業
1978年　慶應義塾大学法学部法律学科卒業、
日本電装株式会社（現・株式会社デンソー）入社
2000年　通信企画部部長
2006年　株式会社学協代表取締役社長
2007年　学校法人河合塾経営改革推進室室長
2014年　理事、現在に至る

著書に『みんなDENSOが教えてくれた』（ダイヤモンド社）『マネージャー心得帖』（WAVE出版）がある。

働き、悩み、生きる 君への返信
心の？を！に変える処方箋《レシピ》

©2018年12月1日　初版発行

著　者　鈴木一正
発行者　原　雅久
発行所　株式会社 朝日出版社
〒101-0065 東京都千代田区西神田3-3-5
電話（03）3263-3321（代表）
カバーイラスト・デザイン　稲森直嗣（Mogella inc.）
D T P　株式会社メディアアート
編　集　田家　昇／近藤千明（第7編集部）／多田慎哉（こもじ）
印　刷　協友印刷株式会社

ISBN 978-4-255-01091-5